글 데이비드 린도

작가, 방송인, 사진작가, 교육자이다. 라이카 버딩Leica Birding, 런던야생동물보호협회London Wildlife Trust, 모두를 위한 조류 관찰Birding For All의 자랑스러운 홍보대사로도 활동 중이다. 도시 환경에서 새들과 교감하도록 사람들을 격려하고, 누구나 조류를 쉽게 관찰할 수 있도록 방법을 찾는 게 그의 목표다.

그림 사라 보카치니 메도스

뉴욕 브루클린에서 디자이너, 일러스트레이터 그리고 예술가로서 다양하게 활동 중이다. 수채화를 비롯해 아라비아고무가 섞인 수채 물감인 과슈를 사용하여 독특한 그림을 그린다. 오랫동안 기후 행동과 여성의 권리를 지지해 왔으며, 자신의 예술을 통해 그 변화를 만들고자 노력 중이다. 그린 책으로는 《Grow 그로우》, 《Glow 글로우》, 《지금 우리가 할 수 있는 일》 등이 있다.

옮김·감수 황보연

경희대학교에서 조류학 및 동물행동생태학으로 박사 학위를 받았다. 현재는 국립공원연구원 조류연구센터장으로, 조류의 이동과 생태 등 다양한 연구를 하고 있다. 또한 어린이 과학책 저자로서 자라나는 미래 세대에 환경의 중요성을 알리려고 노력하고 있다. 지은 책으로는 《우리 숲의 딱따구리》, 《재미있는 동물 이야기》, 《숲속 동물들이 사라졌어요》 등 80여 권이 있으며, 《철새, 생명의 날갯짓》, 《왠지 이상한 동물도감》, 《어쩌다 보니 살아남았습니다》 외 많은 어린이책을 감수했다.

피카 지식 그림책 04

Fly 플라이

1판 1쇄 인쇄 2025년 10월 16일 | **1판 1쇄 발행** 2025년 11월 10일
글 데이비드 린도 | 그림 사라 보카치니 메도스 | 옮김·감수 황보연
펴낸이 김봉기 | **출판총괄** 임형준 | **편집** 안진숙 | **편집진행** 정아민 | **디자인** 스튜디오글리 | **마케팅** 선민영, 임정재, 조혜연
펴낸곳 FIKA JUNIOR(피카주니어) | **주소** 서울시 강남구 테헤란로26길 14(역삼동, 위워크빌딩) 5층 102호
전화 02-3476-6656 | **팩스** 02-6203-0551 | **홈페이지** https://fikabook.io | **이메일** junior@fikabook.io
등록 2020년 9월 28일 (제 2020-000281호)

ISBN 979-11-92869-42-1 (77490)

Fly © 2024 Lucky Cat Publishing Ltd
Text © 2024 David Lindo
Illustrations © 2024 Sara Boccaccini Meadows
First Published in 2024 by Magic Cat Publishing Ltd
Korean translation copyright © 2025 FIKA
Korean translation rights arranged with Magic Cat Publishing, an imprint of Lucky Cat Publishing Ltd through LENA AGENCY, Seoul, Korea.
All rights reserved.

이 책은 레나 에이전시를 통한 저작권자와 독점계약으로, 한국어판 저작권은 "FIKA"에 있습니다.
저작권법에 의해 한국 내에서 보호를 받는 저작물이므로 무단 전재 및 복제를 금합니다.

- 책값은 뒤표지에 있습니다.
- 파본은 구입하신 서점에서 교환해 드립니다.
- 이 책은 저작권법에 의하여 보호를 받는 저작물이므로 무단 전재와 복제를 금합니다.
- 제조국 대한민국 | 사용연령 4세 이상
- 주의사항 종이에 손이 베이거나 긁히지 않도록 주의하세요.

> 피카 출판사는 독자 여러분의 아이디어와 원고 투고를 기다리고 있습니다.
> 책으로 펴내고 싶은 아이디어나 원고가 있으신 분은 이메일 junior@fikabook.io로 보내주세요.

데이비드 린도 글 | 사라 보카치니 메도스 그림 | 황보연 옮김·감수

플라이

Fika
Junior

나의 엄마께, 끝없는 새에 대한 열정을 평생 지지해 주셔서 감사합니다.
―데이비드 린도
나의 멋진 아빠이자 원조 새 관찰자께.
―사라 보카치니 메도스

기억나지도 않을 아주 먼 옛날부터 사람들은 새들의 매력에 푹 빠져 있었어요.

새들은 사람들의 노래 속 주인공으로 자주 등장했고, 그림이나 신화 속 주인공이 되기도 했어요.
사람들은 건축물과 거리, 도시의 이름을 짓는 데도 새 이름을 사용했지요.

새는 사람들에게 매력적인 대상이었지만, 이런 새들에게 가장 위협적인 행위를 한 건
다름 아닌 사람들이었어요. 사람들은 새들을 사냥하고,
강과 바다를 오염시켜 새들이 살아가는 서식지를 파괴했지요.

나는 이 책을 통해 이 멋진 생명체를 이해하고,
새들이 얼마나 다양한 동물 집단인지를 깨닫는 데 도움이 되었으면 해요.

새들이 짝을 유혹한다든지, 경쟁자에게 자신의 존재를 알리기 위해
반드시 화려하고 우아한 깃털을 가져야 한다고 생각했다면 그건 잘못된 생각이에요.
평범하고 수수한 색깔의 깃털을 가진 새들도 다양한 진화적 전략과 행동으로
그 단점을 보완할 수 있기 때문이지요. 이것이 내가 이 책에서 함께 나누고자 하는 얘기들이에요.

오늘날 새들의 생활사에 대해 알려진 정보들이 꽤 많지만, 아직 새에 대해 모르는 것이 너무나
많은 것도 사실이에요. 이 책을 읽은 후에 새에 대해 더 많은 정보를 접하고, 스스로 공부를 하고 싶다는
욕구가 생겼으면 좋겠어요. 새를 더 알고, 관찰하기 위해 산과 들녘, 바닷가 같은 먼 오지로 가야만 하는
것은 아니에요. 집 주변, 인근 공원, 여러분이 사는 도시에서도 새를 관찰할 수 있답니다.

영국의 저명한 조류진화생물학자인 데이비드 랙은 1943년 옥스퍼드 도심 인근에서 유럽울새에 대한
첫 연구를 시작했어요. 오늘날 울새에 대한 다양한 지식은 이 당시 연구하며 발견되었던 내용이
대부분이에요. 여러분도 데이비드 랙 박사처럼 우리 주변에서 관찰되는 흔한 새들을 대상으로
놀라운 과학적 사실들을 발견할 수도 있고, 다양한 새들의 매력에 빠질 수 있을 거예요.

자! 이제 실내에만 있지 말고 야외로 나가 새를 관찰해 봐요.
놀라운 세상이 기다리고 있을 거예요.

―데이비드 린도

차 례

 8 — 멋들어진 깃털의 주인공
청란

 12 — 무시무시한 발을 가진 맹금류
부채머리수리

 16 — 화려한 색상의 주인공
파라다이스풍금조

 20 — 거대한 날개의 소유자
나그네알바트로스

 24 — 독특한 부리의 주인공
넓적부리황새

 28 — 별난 둥지의 소유자
풀숲무덤새

 32 — 사이좋은 무리의 주인공
꼬마홍학

 36 — 놀라운 장거리 비행의 주인공
큰뒷부리도요

 40 — 뛰어난 수영 실력의 소유자
아델리펭귄

 44 — 메마른 사막의 은둔자
왕관사막꿩

 48 — 숲속의 능력자
블랙번솔새

 52 — 드넓은 대양의 주인공
사대양슴새

 56 — 초원의 주인공
밤색목긴발톱멧새

 60 — 도심 빌딩숲의 무법자
매

 64 — 멸종 위기종 보전의 상징
카카포

68 — **용어 설명, 더 알아보기**

69 — **찾아보기**

청란

멋들어진 깃털의 주인공

새는 지구상에서 깃털을 가진 유일한 동물 집단이에요. 깃털은 몸을 따뜻하게 하고, 물기를 막아 주며 피부를 보호하지요. 또한 새가 비행하기 위해 필요하고, 짝이 될 상대에게 구애 행동을 할 때와 둥지의 재료로도 이용돼요.

청란
Argusianus argus

깃털은 종류에 따라 형태와 크기가 제각각이고, 색깔 또한 매우 다양해요. 화려한 겉모습을 가진 청란은 꿩의 한 종류예요. 수컷은 암컷의 관심을 끌기 위해 화려한 깃털을 뽐내며 암컷 주위를 졸졸 따라다니지요.

깃털 다듬기

새들은 깃털 상태를 최상으로 유지하기 위해 하루에도 여러 차례 깃털 다듬기를 해요. 깃털에서 먼지나 기생충, 오물 등을 제거하고, 꼬리 깃털이 시작되는 부분에 있는 기름샘에서 분비되는 기름 성분을 부리로 묻혀 깃털에 넓게 펴 바르기도 하지요. 이렇게 하면 더 건강하고, 매혹적이며, 물기를 막아 줄 수 있는 깃털의 상태를 유지할 수 있어요.

청란은 다양한 꿩 중에서도 가장 덩치가 큰 새예요. 수컷은 암컷보다 체구가 훨씬 더 크지요.

수컷

수컷의 꼬리 깃털은 약 1.5m 정도로 매우 길어요. 수컷의 날개 깃털에는 동물의 눈 모양을 띤 커다란 점무늬가 여러 개 있지요.

어디에서 볼 수 있나요?

이 화려한 자태의 꿩은 동남아시아 보르네오와 수마트라섬 정글 숲속에 살아요. 수컷은 숲 내부에 있는 개활지로 나가 큰 울음소리를 내면서 자신의 존재를 알려요. 암컷이 수컷 주변으로 다가오면 암컷 앞에서 커다란 날개를 펼치며 춤을 추는데, 이때 깃털에 있는 눈 모양의 점무늬가 암컷을 향하도록 깃털을 한껏 펼치며 암컷의 관심을 얻으려고 노력해요.

깃털을 소개합니다

깃털은 새들의 피부에서 자라며, 매우 가벼워요.
자세히 관찰해 보면 빗살 형태의 깃가지 사이사이로
끝부분이 갈고리 모양으로 휘어져 있는
'잔깃가지'라 불리는 아주 작은 가지가 있어요.
깃털을 서로 촘촘하게 붙잡아 주는 역할을 해요.

극락조에 속하는 새는 여러 종류가 있는데, 이 새들은 매우 독특한 깃털 모양을 가진 것으로 유명해요. 작센왕극락조는 머리 부분에서 시작하는 긴 띠 모양의 독특한 깃털을 가지고 있어요. 학명은 옛 독일의 작센왕국의 왕 알베르트 1세의 이름에서 따왔어요.

작센왕극락조
Pteridophora alberti

잔깃가지 / 깃대 / 깃가지

댕기흰죽지
Aythya fuligula

수많은 깃털이 새 몸을 덮고 있어요.
우리가 보는 새의 걸모습은 이런 깃털들이
모여 이루어진 거예요.
독수리를 포함한 몇몇 수리 종류들은
머리 부분에 깃털이 거의 없어요. 죽은 동물의
고기를 먹을 때 머리 부분에 깃털이 많이 나 있으면
더러워지거나 기생충에 감염될 수 있어
깃털이 자라지 않도록 진화했지요.

유럽의 주요 도시에서 흔히 볼 수 있어요.
먹이를 먹을 때 몸 전체가 물속으로 잠수하는
습성을 지녀 잠수성 오리로 알려졌어요.
우리나라는 겨울철 강과 호수에서
볼 수 있어요.

수컷은 번식기인 몇 주 동안 목둘레 깃털이
목도리를 두른 것처럼 부풀어 올라요.
여러 마리의 수컷들이 '랙'이라고 부르는
공동 구애 장소에 함께 모여 암컷에게
구애하며 능력을 뽐내지요.

목도리도요
Calidris pugnax

생존 방식

깃발 깃털

수컷은 번식기 동안 몸길이의
약 두 배 정도 긴 깃발 형태의 깃털이 자라요.
이런 모습으로 암컷의 머리 위로 날아오르며
구애 행동을 하고, 짝짓기가 끝난 후에는
깃발 깃털이 떨어지지요.

깃발쏙독새
Carimulgus vexillarius

이 벌새는 꼬리에서 두 개의 가늘고 긴 화려한 꼬리 깃털이 자라요.

물까치리켓벌새
Loddigesia mirabilis

새 중에서도 가장 독특한 형태의 머리 깃털을 가진 새로 유명해요.

후투티
Upupa epops

역사 속 새 깃털 이야기

청란의 영어 이름인 '크레이트 아르거스 Great argus'는 그리스 로마 신화에서 나오는 수백 개의 눈을 가진 거인인 '아르거스 Argus'에서 유래되었는데, 이는 청란의 긴 날개깃털에 나 있는 수많은 눈 모양의 무늬 때문에 붙여졌지요.

독수리의 깃털은 아메리카 인디언 사회에서 가장 용맹하고 강인한 전사만이 꾸밀 수 있는 장식품이었어요.

고대이집트의 마아트 Ma'at 여신은 정의를 측정하는 양팔 저울의 한쪽에 타조 깃털을, 다른 한쪽에는 죽은 사람의 심장을 올려 무게를 쟀다고 해요. 만약 죄를 많이 지어 심장의 무게가 무거우면 천국으로 갈 수 없었다고 해요.

부채머리수리

무시무시한 발을 가진 맹금류

새들은 종류에 따라 발 모양이 매우 다양해요.

칼새처럼 절벽에 매달리는 용도로만 사용되는 힘이 약한 발을 가진 새가 있는가 하면, 어떤 새들은 땅을 파거나 걷는 데 이용되는 강한 힘을 가진 발을 갖기도 해요. 그중에서도 가장 힘이 센 발은 부채머리수리의 발이에요.

부채머리수리
Harpia harpyja

새의 발톱은 사람의 손발톱과 같은 케라틴이라는 단백질로 되어 있어요. 어떤 새들은 네 개의 발가락을 가지고 있어 나뭇가지 등을 꽉 움켜잡을 수 있고, 북아메리카에서 살아가는 세가락딱따구리 같은 새들은 세 개의 발가락을 가지고 있으며, 타조처럼 발가락이 두 개인 새도 있지요. 모든 새 중에서 가장 거대한 발을 가진 새는 단연 부채머리수리일 거예요.

괴력의 발

부채머리수리는 수리 종류 중에서 가장 덩치가 큰 새 중 하나예요. 암컷 부채머리수리의 발 크기는 어른 손만큼 크고, 발톱은 약 13cm 정도로 포유동물인 회색곰보다 더 긴 발톱을 가졌지요.

어디에서 볼 수 있나요?

부채머리수리는 중앙아메리카와 남아메리카 열대 우림지대에서 살아요. 간혹 숲 상공 위를 날아다니기도 하지만, 대부분은 숲 안쪽에서 비행하며 생활해요. 그래서 그 모습을 직접 관찰하기란 쉽지 않지요. 만약 번식 둥지를 발견할 수 있다면 비교적 가까운 거리에서 이 새를 직접 관찰할 수 있어요.

부채머리수리는 시력이 매우 뛰어나요. 인간보다 약 여덟 배 정도 시력이 뛰어나서 먹이 동물의 존재와 움직임을 알아차린 뒤 날아가 발을 이용해 먹이 동물을 덮쳐 사냥하지요.

암컷이 수컷보다 덩치가 훨씬 더 커요. 몸무게는 약 9kg 이상 나가기도 해요.

먹이 동물을 찾기 위해 긴 시간 비행하지 않아요. 조용히 앉아 사냥감인 원숭이가 지나가길 기다린 뒤 뒤를 덮쳐 사냥하지요.

암컷

부채머리수리의 발과 발톱은 큰 먹이 동물도 쉽게 들어 올릴 정도로 강력해요.

새의 발을 소개합니다

새가 다양한 발을 가지게 된 건 주변 환경에 따라 적응했기 때문이에요. 오리는 헤엄을 치기 위해 물갈퀴가 발달한 발을 가졌고, 작은 산새들은 나뭇가지를 움켜잡아 앉을 수 있도록 강력한 발을 가졌지요. 반면에 날지 못하는 새들은 걷거나 뛰기에 적합한 튼튼한 발을 갖고 있어요.

전 세계적으로 가장 흔한 오리이고, 물갈퀴가 발달한 발을 가지고 있어요. 물갈퀴 발은 헤엄을 칠 때는 뛰어난 기능을 하지만 딱딱한 땅 위를 걸을 때는 불편할 수 있어요.

청둥오리
Anas platyrhychos

북아메리카 지역에서 살아가는 미국지빠귀는 나뭇가지를 움켜잡고 앉아요. 나뭇가지에 앉을 때 세 개의 발가락은 앞을 향하고 한 개의 발가락은 뒤쪽을 향해 마주 잡지요.

미국지빠귀
Turdus migratorius

물꿩
Hydrophsianus chirurgus

이 새의 학명인 라틴어 '아퍼스Apus'는 '발이 없다'라는 뜻이에요. 실제 칼새의 발은 절벽을 간신히 걸치듯 붙잡는 '매달리는 발' 형태예요.

유럽칼새
Apus apus

물새의 한 종류로 발가락이 매우 길쭉해요. 물 위에 떠 있는 잎 위를 걸을 때는 발가락을 넓게 펼치고 걸어 물속에 빠지지 않아요.

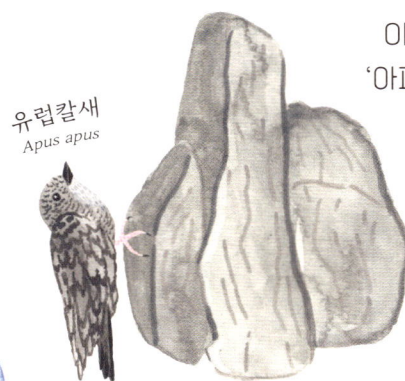

타조는 두 다리를 이용해 시속 70km의 속도로 달릴 수 있어요. 모든 새 중 가장 빨리 달리지요.

타조
Struthio camelus

대부분의 시간을 땅 위에서 보내요. 먹이 동물인 뱀을 발견하면 다가가 발로 밟아 사냥을 해요. 먹이를 단단하게 붙잡을 수 있도록 면도날처럼 날카로운 발을 갖고 있어 사냥에 유리하지요.

뱀잡이수리
Sagittarius serpentarius

역사 속 새 발 이야기

부채머리수리의 영어 이름인 '하피 이글 Harpy Eagle'은 그리스 로마 신화에 등장하는 여성의 머리를 갖고, 새의 몸체를 가진 '하피스 Harpies'라는 상상 속 동물에서 유래했어요.

그리스 로마 신화에 등장하는 두루미 Grus japonensis는 발을 이용해 바위를 들어 올린 채 주위를 경계하는데, 만약 두루미가 잠이 들면 바위를 놓치면서 잠에서 깬다고 전해져요.

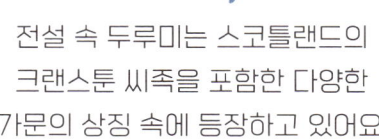

전설 속 두루미는 스코틀랜드의 크랜스툰 씨족을 포함한 다양한 가문의 상징 속에 등장하고 있어요.

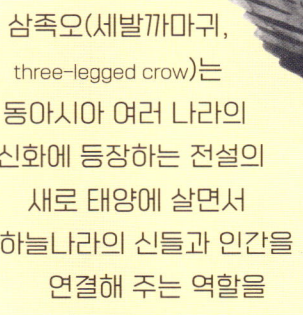

삼족오(세발까마귀, three-legged crow)는 동아시아 여러 나라의 신화에 등장하는 전설의 새로 태양에 살면서 하늘나라의 신들과 인간을 연결해 주는 역할을 한다고 전해져요.

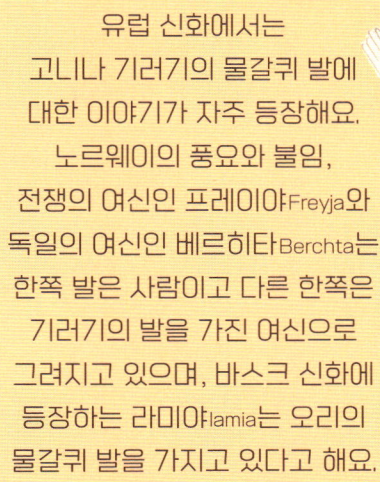

유럽 신화에서는 고니나 기러기의 물갈퀴 발에 대한 이야기가 자주 등장해요. 노르웨이의 풍요와 불임, 전쟁의 여신인 프레이야 Freyja와 독일의 여신인 베르히타 Berchta는 한쪽 발은 사람이고 다른 한쪽은 기러기의 발을 가진 여신으로 그려지고 있으며, 바스크 신화에 등장하는 라미야 lamia는 오리의 물갈퀴 발을 가지고 있다고 해요.

생존 방식

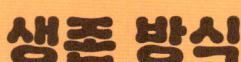

흰올빼미 Bubo scandiacus

차가운 발

혹한의 겨울 날씨에 새는 왜 차가운 발을 갖게 되었을까요? 새가 차가운 발을 가진 것은 사실이지만, 새는 그 발이 차갑다는 것을 느끼지 못해요. 몸의 다른 기관과 다르게 새의 다리와 발에는 아주 적은 체액과 근육, 신경이 분포하고 있기 때문이에요.

흰올빼미를 포함한 일부 새들의 발에는 깃털이 나 있어요. 눈 위에서 잘 빠지지 않고 걸어 다닐 수 있도록 진화했기 때문이에요. 올빼미의 몸속을 흐르던 따뜻한 혈액은 다리 혈관을 지나면서 차가워져요. 하지만 다시 혈관을 따라 혈액이 몸으로 되돌아오면 따뜻해지지요. 이런 과정을 거치면서 조류는 따뜻한 체온을 유지할 수 있어요.

파라다이스풍금조

화려한 색상의 주인공

포유동물, 파충류, 양서류를 포함해 많은 동물이 주변 환경과 적절히 섞여 몸을 숨길 수 있도록 진화해 왔어요. 하지만 지구상의 일부 새들은 매우 화려한 색깔을 갖도록 진화하기도 했지요. 파라다이스풍금조가 대표적인 새일 거예요.

파라다이스풍금조
Tangara chilensis

새들이 화려한 겉모습을 갖도록 진화한 데는 여러 가지 이유가 있어요. 밝은 색깔의 깃털을 가진 새는 다른 새와 더 쉽게 구별될 수 있어 유리해요. 또 그 새를 사냥할 수 있는 포식동물에게 "난 맛이 없어! 난 독성분을 가지고 있어"라는 메시지를 보내는 것과 같아요. 때때로 밝고 화려한 깃털을 가진 새는 짝이 될 배우자를 유혹하는 데 도움이 되지요.

화려한 위장술

조금 의외이기는 하지만, 화려한 색깔은 때때로 새가 몸을 숨기는 데 도움을 주기도 해요. 밝고 화려한 색깔을 가졌는데도 파라다이스풍금조가 곤충을 사냥하거나 열매를 먹는 걸 관찰하기란 쉽지 않아요. 이 새가 살아가는 서식지인 울창한 숲은 밝기도, 어둡기도 한 아열대 식물들로 가득 차 있기 때문이에요.

파라다이스풍금조 암컷과 수컷은 서로 비슷한 깃털 색을 가져 겉모습이 닮았어요.

하지만 자외선을 비추면 수컷과 암컷의 깃털 색도 서로 차이가 나서 암수를 쉽게 구별할 수 있다고 해요.

수컷

종종 같은 종류의 새라도 수컷의 깃털이 암컷보다 더 밝고 화려한데, 수컷의 화려한 깃털 색은 암컷을 유혹하는 데 도움이 돼요.

이 새의 또 다른 이름은 일곱 가지 깃털 색을 가졌다고 해서 '칠색풍금조'예요. 이 이름을 통해 이 새가 얼마나 다양한 색깔을 가졌는지 짐작할 수 있어요.

어디에서 볼 수 있나요?

파라다이스풍금조는 남아메리카 아마존강 주변 분지에서 살아가요. 파라다이스풍금조를 포함해서 아마존 지역에서 살아가는 많은 새가 사람들의 접근에 꽤 민감하게 반응하기 때문에 관찰하는 게 쉽지 않아요. 일정한 장소에 매번 새들이 좋아하는 열매 먹이를 놓아 주는 먹이 제공 장소를 찾아가면 관찰할 수 있어요.

새들의 색깔을 소개합니다

새들의 깃털 색깔은 어떻게 만들어질까요? 깃털의 색을 결정하는 데는 크게 두 가지 색소가 관여해요. 첫 번째는 검은색, 회색, 갈색과 오렌지색 계열을 만들어 내는 '멜라닌' 색소이고, 또 다른 하나는 색깔의 밝고, 어둡기처럼 명암을 결정하는 '카로티노이드' 색소예요.

검은머리트라고판
Tragopan melanocephalus

트라고판과 같은 새들은 얼굴에 깃털이 나지 않지만, 피부 자체가 알록달록한 색깔을 띠어요.

다색산적딱새
Tachuris rubrigastra

남아메리카에서 살아가는 이 작은 딱새는 녹색, 빨간색, 노란색, 흰색, 검은색 등 여러 가지 밝은 색상의 깃털이 몸 전체를 덮고 있어요. 그래서 이 새의 이름 앞에 '다색'이라는 이름이 붙게 되었지요.

유럽벌잡이새
Merops apiaster

벌잡이새에 속하는 새 집단은 꿀벌, 말벌, 땅벌과 같은 벌을 잡아먹고 살아가지요.

오색멧새
Passerina ciris

오색멧새 수컷은 생후 2년이 지나야 비로소 밝고 화려한 어른 깃털 색을 가질 수 있어요.

아가미왜가리
Agamia agami

아가미왜가리는 회색빛이 감도는 짙은 파란색 깃털을 가지고 있어 전 세계 왜가리 종류 중에서도 가장 화려한 겉모습을 가져요.

원앙
Aix galericulata

매우 드문 물새로 겉모습이 매우 화려하고, 특히 나무 구멍 속에 둥지를 짓는 특이한 습성을 갖고 있어요.

역사 속 화려한 새들 이야기

상상의 새, 불새는 그리스와 이집트 신화에 등장하는 불멸의 새로 알려져 있어요. 죽어 가던 불새가 활활 타오르는 새빨간 불꽃 속에서 솟아오르면 새로운 생명으로 부활한다고 전해져요.

헤르시니아(Hercinia, 또 다른 이름은 아르시니arcinee)는 독일의 헤르시니아숲에서 살아가던 전설 속 새로 알려졌어요. 밤이면 깃털에서 불꽃이 일어나 이 숲을 지나는 여행자에게 밝은 빛으로 길을 안내했다고 해요.

중세 벨기에 플랑드르 지역 설화에 따르면 제왕새가 세상의 모든 새들에게 아름다운 무지개색 중 원하는 색깔을 고르라고 초대했는데, 호금조는 인내심을 갖고 기다려 아름다운 색깔을 얻었다는 이야기가 전해져요. 새들이 원하는 색을 모두 고르자 호금조는 더 이상 고를 수 있는 색깔이 없게 되었고 제왕새는 새들을 다시 불러들여 각자의 색깔을 조금씩 나눠 호금조를 가장 예쁘게 꾸며 주었다고 해요.

생존 방식

자외선을 보는 시야

말라카이트물총새를 포함한 일부 새들은 햇빛 중 자외선 영역을 볼 수 있는 시각 능력을 갖추고 있어 새들의 깃털을 훨씬 더 화려한 색으로 볼 수 있어요. 사람보다 훨씬 더 뛰어난 시각 능력을 갖추도록 진화한 것이지요.

말라카이트물총새
Corythornis cristatus

나그네알바트로스

거대한 날개의 소유자

비행하는 동물들은 곤충부터 박쥐에 이르기까지 다양해요. 진정한 비행의 능력자라면 새가 대표적인 동물일 거예요. 나그네알바트로스처럼 기류를 타고 1,000km 이상을 비행하는 동물은 없을 거예요.

나그네알바트로스
Diomedea exulans

모든 새는 한 쌍의 날개를 가지고 있어요. 심지어 비행하지 못하는 새들도 날개는 있지요. 새들은 비행을 위해 가벼운 몸무게, 공기의 저항을 줄여 주기 위한 유선형의 몸, 구멍이 뚫려 빈 곳이 많은 뼈, 날렵한 형태의 깃털을 갖도록 진화했어요. 또 날개를 이용해 떠오르도록 하는 힘인 양력을 만들어 내고, 꼬리로 비행 방향을 조절하여 오늘날 하늘의 주인공이 될 수 있었어요.

강력한 비행

나그네알바트로스가 뛰어난 비행을 할 수 있었던 것은 '흉근'이라고 불리는 강력한 가슴 근육 덕분이에요. 사람이 새처럼 비행하기 위해서는 최대 7m의 큰 날개와 1m 이상 자란 거대한 가슴 근육이 필요하다고 해요.

이 새는 날개 길이가 약 3.5m나 돼요. 현존하는 새 중 날개가 가장 길어요.

이 새는 2년에 한 번 번식지인 남극해 주변 여러 무인도에 찾아오는 것으로 알려졌어요.

1년에 남극해를 세 차례 정도 일주하는 것으로 알려졌으며, 그 이동 거리는 약 120,000km에 달해요.

어디에서 볼 수 있나요?

이 새는 한 번 비행하면 여러 시간 동안 날개를 퍼덕이지 않고도 공중에 떠 에너지를 절약해요. 이는 둥지에서 가만히 앉아 있을 때 들어가는 에너지보다도 덜하다고 해요.

가장 좋은 방법은 번식지를 방문하는 거예요. 번식지인 남극해 주변 무인도에서 한 개의 알을 낳는 것으로 알려졌어요. 배를 타고 지나다 보면 먹이를 찾으며 비행하는 알바트로스를 관찰할 수도 있지요. 또 운이 좋으면 항해하는 배에서 음식물 찌꺼기를 얻어먹기 위해 배를 따라 비행하는 나그네알바트로스를 관찰할 수 있을지도 몰라요.

새의 날개를 소개합니다

새들은 비행을 위해 다양한 날개 형태를 보이며 진화해 왔어요. 일반적으로 알바트로스와 같이 길이가 길고, 폭이 좁은 날개를 가진 새들은 활공비행을 잘해요.

숲비둘기
Columba palumbus

어떤 새들은 무리에 있는 다른 개체들과 의사소통을 하는 데 날개를 이용해요. 만약 비둘기가 위험을 감지하면, 나무 위에서 푸드덕거리며 소란스럽게 날갯짓해서 동료 비둘기에게 경고하지요.

방망이날개무희새
Machaeropterus deliciosus

이 새는 날개를 부딪쳐서 구애음을 내는 새로 알려져 있어요. 수컷은 짝을 찾는 구애 행동을 할 때 날개를 순간적으로 평평하게 들어 올리고, 바르르 떨면서 마치 전자음과 같은 "삐----" 소리를 내지요.

어린 새끼일 때는 날개가 접히는 부분에 발톱이 있어 물가에 있는 식물들을 타고 기어오를 수 있어요.

호아친
Opisthocomus hoazin

비행할 때 날개 끝부분이 손가락 모양으로 갈라지고, 낮에는 상승 기류를 타고 공중으로 상승해요. 땅 위 먹이 동물을 발견하면 쏜살같이 내려와 사냥을 하는 맹금류예요.

검은가슴말똥가리
Hamirostra melanosternon

물까치라켓벌새
Loddigesia mirabilis

이 작은 벌새는 1초에 약 70회 이상 날갯짓을 하며, 뒤로도 비행할 수 있는 능력이 있어요.

검은해오라기
Egretta ardesiaca

날개를 들어 올려 우산처럼 동그랗게 만들고, 날개 그늘로 작은 물고기를 유인해 사냥하는 습성을 가졌어요.

생존 방식

기아나바위새
Rupicola rupicola

구애깃털

기아나바위새를 포함한 일부 새들은
구애 행동을 할 때 날개를 사용해요.
짝이 될 암컷을 유혹하기 위해 수컷은 날개를
휘날리며 화려한 깃털을 뽐내지요.

역사 속 새 날개 이야기

나그네알바트로스의 학명은 '디오메데아 엑슐란스 Diomedea exulans'인데, 디오메데아는 그리스 로마 신화에 나오는 인물로 자신의 친구들을 알바트로스와 비슷한 습새로 바꾸었다고 전해지고 있어요.

페르시아 우화에 따르면 카이 카부스왕은 굶주린 네 마리 독수리 다리에 사슬을 묶어 임금의 왕좌를 끌게 하고 하늘나라를 침공했다고 해요. 왕좌의 지붕을 받치는 기둥 근처에 고기를 매달아 두면, 독수리들은 먹이를 향해 힘찬 날갯짓을 해 왕좌를 하늘로 날 수 있게 만들었다고 해요.

인도의 전래 이야기에는 네 개의 커다란 날개를 가진 코끼리가 등장해요. 이 코끼리는 하늘을 날다 사람이 사는 집에 내려앉으며 건물과 집을 파괴했다고 전해져요.

결국, 신들은 이런 대혼란을 막기 위해 코끼리로부터 날개를 없애 두 개의 날개는 공작에게, 나머지 날개는 바나나에게 주었대요. 그래서 오늘날 바나나잎은 매우 크고 넓다고 해요.

넓적부리황새

독특한 부리의 주인공

부리는 새 종류에 따라 모양과 크기가 다양해요.

새들은 부리로 먹이를 먹고, 싸우며, 깃털을 다듬어요. 짝이 될 배우자를 유혹하고, 식물의 수분을 도와주고, 체온을 조절하는 등 다양한 용도로 이용해요. 물론 숨을 쉴 때도요.

넓적부리황새
Balaeniceps rex

새들은 입과 이빨이 없어요. 대신 부리가 있지요. 부리는 사람의 손발톱과 같은 성분인 케라틴 단백질이 겉을 둘러싸고 속은 뼈로 되어 있어요. 손톱처럼 조류의 부리도 조금씩 자라지만 평생 사용하다 보니 모양과 크기가 일정한 형태로 유지돼요.

가장 큰 부리를 가진 새

넓적부리황새의 거대한 부리는 앞이 뭉뚝한 네덜란드의 전통 신발 모양을 닮았어요. 부리의 길이는 약 23cm이고, 부리가 시작되는 부분의 폭은 10cm에 달한다고 해요.

부리 끝부분이 갈고리 모양으로 크게 휘어져 있고, 뾰족하여 먹잇감 사냥에 효과적이에요. 사냥한 먹이는 잘 놓치지 않아요.

품고 있던 알 온도가 너무 높아지면, 넓적부리황새 부부는 부리를 이용해 물을 퍼 와 알에 뿌려 식혀 주지요.

이 물새는 동부와 중앙아프리카 우림 지대를 흐르는 강가에서 주로 살아요. 거대한 부리를 사용해 커다란 물고기를 퍼 올려 잡아먹지요.

어디에서 볼 수 있나요?

넓적부리황새는 아프리카 중부와 동부 지역의 습지나 늪지대가 있는 강가 주변에서 살아가요. 물에 떠 있는 식물 위에 서 있거나 조각상처럼 미동도 하지 않은 채 물가 주변에 서서 먹이인 커다란 물고기가 다가오길 기다리지요. 넓적부리황새가 사는 서식지에 가깝게 접근하는 것은 매우 어려운 일이어서 탐조가들이 아프리카 전체를 통틀어 가장 관찰하고 싶어 하는 새가 되었어요.

새의 부리를 소개합니다

새의 부리는 모양과 크기가 매우 다양해요.
이렇게 다양한 부리를 갖게 된 것은 새가 어떤 종류의
먹이를 먹느냐에 따라 진화 적응한 것으로 해석해요.
이런 사실은 찰스 다윈이 서로 다른 부리의 형태를 지닌
핀치새를 연구하며 진화론을 이끌어낸 토대가 되었지요.

에메랄드쇠왕부리
Aulacorhynchus prasinus

중앙아메리카에서 살아가는 왕부리새 종류는 대부분 열매를 먹고 사는 새들로 부리의 형태와 크기가 매우 다양해요. 다양한 부리를 갖게 된 것은 "어떻게 하면 먹이 열매를 가장 잘 따먹을 수 있을까?"에 대한 진화의 산물이에요.

참수리
Haliaeetus pelagicus

극동아시아에 사는 참수리는 대형 수리 종류로 강하고, 날카로우며, 갈고리처럼 구부러진 부리를 가졌어요. 먹이 동물의 살을 찢어먹기에 적합해요.

아메리카검은머리물떼새
Haematopus palliatus

부리로 먹이를 찾는 다른 새들처럼 이 새는 갯벌 속에서 조개, 게, 불가사리 및 성게와 같은 무척추동물을 잡아먹어요. 긴 부리를 이용해 진흙을 뒤집으며 먹이를 찾아요.

연미복밀화부리
Cocothraustes vespertinus

북아메리카에서 살아가는 밀화부리의 한 종류로 주로 씨앗을 먹고 살아요. 두껍고 강력한 원불 형태의 부리를 이용해 딱딱한 견과류나 씨앗을 열거나 깨뜨려서 먹어요.

북미큰왜가리
Ardea herodias

북아메리카에서 살아가는 대형 왜가리예요. 주로 물고기를 사냥해 먹어요. 제방을 따라 천천히 이동하면서 물고기가 나타나면 재빨리 물속으로 부리를 넣어 사냥하지요.

칼부리벌새
Ensifera ensifera

남아메리카에서 살아가는 이 작은 벌새는 체구보다 매우 긴 부리를 꽃 속 깊숙이 집어넣어 꽃꿀을 먹어요.

역사 속 새 부리 이야기

딱따구리 *Picidae Vigors*는 노르웨이의 신화에 나오는 천둥번개의 신, 토르Thor를 상징하는 새로 등장해요. 토르가 마법의 망치를 집어 들면, 딱따구리는 나무를 연속적으로 쪼아댄다고 해요.

아메리카 원주민 이로쿼이족 신화에서 오리들은 물속으로 잠수해 평평한 부리로 진흙을 퍼 올려 여성신을 위해 섬을 만들었다고 전해져요.

보르네오섬에 살아가는 다야크족에게는 코뿔새 *Buceros rhinoceros*의 부리 위쪽에 있는 노란색 코 뿔이 남성의 힘과 우월성을 상징해요.

브라질 전설에 따르면 왕부리새는 자신의 거대한 부리를 자랑하며 새들의 제왕임을 자처했다고 전해져요.

생존 방식

진홍저어새
Platalea ajaja

주걱 모양의 부리

진홍저어새는 물과 진흙 속에서 먹이를 걸러 내어 잡아먹을 수 있는 주걱 모양의 부리를 갖도록 진화했어요. 부리를 조금 연 상태로 물속에 집어넣어 노를 젓듯이 좌우로 휘저으며 걸어가요. 그러다 부리에 작은 먹이가 감지되면 들어 올려 잡아먹지요.

풀숲무덤새

별난 둥지의 소유자

대부분 새는 둥지를 지어 그곳에 알을 낳고, 새끼를 안전하게 키워 내요. 새 둥지를 엉성하게 짓는 종류부터 매우 복잡하고 구조적으로 완벽한 형태의 둥지를 짓는 종류에 이르기까지 다양하지요. 경계심이 많고 민감한 풀숲무덤새는 가장 별난 둥지를 짓는 새 중 하나예요.

풀숲무덤새
Leipoa ocellata

경계심이 많아 눈에 잘 띄지 않는 풀숲무덤새이지만,
그 둥지만큼은 눈에 잘 띄게 지어요. 풀숲무덤새 수컷은
직경이 4m, 높이가 1m에 달하는 거대한 무덤 형태의 둥지를 짓지요.
암컷은 이런 무덤 둥지 안에 알을 낳은 후 곧 떠나고,
이후 새끼들을 돌보기 위해 다시 돌아오지 않아요.

부모새의 부재

풀숲무덤새의 둥지는 수컷이 만들어요. 수컷은 발을 이용해 땅을 움푹 파내고,
그곳에 잔가지와 나뭇잎, 나무껍질 등을 채우고 비가 내리길 기다려요. 비가 내린 후에는 축축해진
둥지 재료를 섞어 고르게 잘 부패하도록 한 뒤, 그 위에 모래를 덮어 무덤 형태의 둥지를 지어요.
이후 무덤 윗부분에 작은 공간이 생기도록 파내어 암컷이 알을 낳는 공간을 만들지요.

풀숲무덤새는 호주 남부 지역에서 살아가요. 크기는 닭 정도고, 땅 위에서 주로 생활해요.

무덤 둥지 속 알에서 부화한 새끼들은 스스로 흙을 파내어 둥지 밖으로 나와요. 하루가 지나면 비행을 할 수 있어요.

풀숲무덤새는 어린 새끼를 보살피지 않는 특이한 번식 습성을 지녔어요.

어디에서 볼 수 있나요?

풀숲무덤새는 반건조 기후 지역인 호주 남부 말리나무덤불숲 지역에서 살아가요.
아마도 이 지역을 방문한다면 이 새를 관찰할 수 있을지도 몰라요.
풀숲무덤새의 영어 이름인 '말리파울 Malleefowl'에서 '말리'는 이 새가 주로 살아가는 서식지에서 자라는 키 작은 나무인
말리나무에서 유래되었어요. 활동성이 많은 새지만 사람들 방해를 받으면 꼼짝하지 않아요.
위장색을 띤 깃털 때문에 발견하기가 쉽지 않고, 주변 관목숲 등으로 재빨리 몸을 숨겨 관찰이 쉽지 않아요.

새 둥지를 소개합니다

둥지를 짓는 데 주로 식물을 이용해요. 때때로 깃털과 같은 부드러운 재료를 함께 엮어 짓기도 하지요. 어떤 새들은 돌멩이나 플라스틱 쓰레기 등으로 둥지를 꾸미고, 또 어떤 새들은 진흙을 이용해 짓기도 하지요.

꼬까울새
Erithacus rubecula

이 울새는 버려진 주전자 같은 특이한 장소에 둥지를 짓는 것으로도 유명해요.

떼베짜기새
Philetairus socius

아프리카에서 살아가는 떼베짜기새는 여러 마리가 공동으로 무리 둥지를 짓고 번식해요. 무리 둥지에는 여러 개의 독립된 둥지가 모여 있어 마치 커다란 아파트를 연상시켜요.

생존 방식

흰제비갈매기
Gygis alba

나출된 둥지

흰제비갈매기는 번식을 위해 둥지를 만들지 않아요. 대신 나뭇가지가 갈라지는 장소 같은 곳에 알을 낳지요. 과학자들은 왜 이런 번식을 하게 되었는지 완전하게 밝혀내지는 못했지만, 아마도 큰 군집을 이루며 살아가는 일부 바닷새 무리에서 나타나는 둥지 기생충을 피하기 위한 진화적 적응으로 해석하고 있어요.

역사 속 새 둥지 이야기

북유럽 지역 전설에 따르면 전나무 등 크리스마스트리로 이용되는 나무에서 새 둥지를 발견하면 발견한 사람 집에 재운이나 행운이 깃든다고 전해지고 있어요.

얼룩부리논병아리
Podilymbus podiceps

논병아리와 같은 물새들은 둥지를 지을 때 사람들이 수로에 버린 쓰레기를 둥지 재료로 사용해요.

황제펭귄
Aptenodytes forsteri

황제펭귄은 얼음 냉기로부터 알을 보호하기 위해 몸의 일부를 둥지처럼 이용해요. 발등 위에 알을 가지런히 올려놓고 부모의 솜깃털로 알을 따뜻하게 해 부화시키지요.

15세기 명나라 장군 정화 Zheng he는 배를 타고 항해 도중 식량을 구할 수 없는 말레이섬에 발이 묶였다고 해요. 선원 중 일부가 칼새 둥지를 발견해 이것들을 요리해 먹었고 선원들은 빠르게 기력을 회복했다고 해요. 이후 중국 음식인 '제비둥지' 요리의 식자재가 되었다고 전해지고 있어요.

독일과 네덜란드에서 집주인들은 지붕 높은 곳에 황새가 찾아와 둥지를 짓는 것을 매우 반긴다고 해요. 이 새가 행운을 가져온다고 믿기 때문이지요.

꼬마홍학

사이좋은 무리의 주인공

많은 새가 무리를 이루며 살아가요.
무리의 크기는 소수의 무리에서부터
대규모 무리까지 다양해요.
세계에서 가장 아름답고, 장관인
새 무리를 꼽으라면 아마도 많은 사람이
'플라밍고'로 알려진
꼬마홍학 집단을 예로
들 거예요.

꼬마홍학
Phoeniconaias minor

대개 새들은 포식동물을 피하려고 무리를 지어요. 커다란 무리를 짓게 되면 포식동물이 다가오는 걸 더 빨리 알아차릴 수 있고, 포식동물의 먹이가 될 수 있는 확률이 더 줄어들지요. 홍학은 해안가 습지나 낮은 깊이의 염분 호수에 모여 커다란 무리를 이루지요.

안전을 위해 무리를 형성하는 새

다른 여러 종류의 새들처럼 꼬마홍학도 무리를 이뤄 집단 번식을 해요. 영어 단어인 '플램보이언스 flamboyance'는 홍학의 영어 이름인 플라밍고에서 유래되어 '홍학처럼 화려하다'는 뜻을 가져요.

큰 군집을 이루며 살아가는 새들은 후각과 미각이 떨어지는 반면 시각이 뛰어나요.

무리의 구성원들은 소리를 내거나 화려한 날개 깃털을 펄럭이며 의사소통을 하지요.

알에서 깨어난 지 약 6일 정도 지난 꼬마홍학 새끼는 부모새의 목소리를 구별할 수 있어요. 새끼새들은 수천 마리의 새끼들이 함께 모이는 공동 탁아소로 이동하여 무리 내 어른새들의 보호를 받지요.

어디에서 볼 수 있나요?

전 세계 꼬마홍학 무리의 3/4은 아프리카 탄자니아 알칼리 호수인 나트론호수에서 무리를 지어요. 이 호수는 소금 염도가 매우 높아서 만약 사람이 수영을 하게 되면 피부가 벗겨질 수 있어요. 하지만 이런 혹독한 환경에서도 홍학들은 개체 수를 늘렸답니다! 홍학의 다리와 발 피부는 매우 두꺼워 높은 염도의 독성을 막아 주었고, 섭씨 60°C까지 올라가는 뜨거운 짠물을 마셔도 괜찮을 정도로 잘 적응했지요. 흡수한 소금기는 코 부분에 있는 특별한 분비샘을 통해 몸 밖으로 배출했어요. 또한 물속에서 살아가는 독성이 많은 규조류를 먹고도 잘 소화할 수 있어요. 홍학이 분홍의 깃털 색을 띠는 것은 이런 먹이 때문이에요.

새 무리를 소개합니다

새들은 홍학과 같이 번식을 위해 대규모 무리를 형성해요. 어떤 새들은 장거리 이동 비행을 하는 동안 효과적으로 먹이를 얻기 위해 무리를 짓기도 해요.

흰점찌르레기
Sturnus vulgaris

찌르레기도 대규모의 무리를 지어 먹이를 찾아다녀요. 특히 해 질 무렵 잠자리로 들어가기 직전에는 수많은 무리가 다양한 형태를 만들어 내는 집단 비행을 하지요.

북유럽 지역에서 되새는 겨울철이 되면 수백만 마리가 초대형 무리를 이루며 함께 먹이를 찾아다녀요.

되새
Fringilla montifringilla

사회성이 강한 이 새들은 해 질 무렵이 되면 수천 마리의 무리가 마치 토네이도가 만드는 소용돌이처럼 굴뚝과 같이 높고 수직인 공간으로 빨려 들어가듯이 사라지는 마술 같은 비행을 해요.

나그네비둘기
Ectopistes migratorius

굴뚝칼새
Chaetura pelagica

유유상종

무리 지어 다니는 새들을 주변에서 자주 관찰할 수 있어요. 우리나라에는 같은 무리끼리 서로 어울려 사귄다는 말을 일컬어 '유유상종'이라고 하지요.

가장 커다란 무리를 이루었던 새는 무엇일까요? 북아메리카에서 기록된 나그네비둘기 무리예요. 안타깝게도 현재는 멸종되었어요. 나그네비둘기 무리는 약 2km 이상의 폭으로 500km에 걸쳐 무리 지어 날아갔대요. 하늘을 까맣게 뒤덮어 캄캄할 정도로 몇 시간 동안 무리가 비행하며 지나갔다고 전해져요.

생존 방식

서로 다른 새 종류가 함께 무리 짓기

새들은 주로 먹이를 찾거나 계절에 따라 먼 거리를 비행할 때
서로 다른 종들이 섞여 무리를 짓기도 해요. 숲에서 살아가는 새 중에는
먹이를 함께 찾거나 위협적인 포식동물이 다가오는 것을 방어하기 위해
서로 다른 새들이 무리를 지어요.
도요물떼새와 바닷새들은 종은 다르지만 함께 행동해요.

역사 속 새 무리 이야기

'스팀팔로스의 새 Stymphalian birds'는 그리스 로마 신화에서
청동으로 된 부리와 발톱, 여러 개의 날개를
가진 괴물 새예요. 큰 무리를 이뤄 마을로 날아가
청동 깃털을 떨어뜨려 사람들을 죽이거나 독이 있는
배설물을 눠 농작물과 열매 등을 썩게 했다고 전해져요.

영국 탄광에서 일하는
광부들 사이에는 밤에
휘파람 소리를 내는 '세븐 휘슬러'라는
새에 관한 이야기가 전해져요.
이 신비로운 새는 밤에 몇 마리가
함께 무리를 이뤄 다가올 재앙을
경고하는 휘파람 소리를
냈다고 해요.

동물의 떼 혹은 무리를
표현하는 영어 표현은
아주 많아요. 까마귀
무리를 '까마귀의
살인자들 murders of crows'
이라고 표현하지요.
무리를 짓는 까마귀의
습성을 빗대어 까마귀
무리 중 한 마리가 잘못하면
무리가 함께 심판해요.
만약 죄가 있다면 잘못한
까마귀는 무리에 의해
죽임을 당한다는
섬뜩한 의미가 있어요.

큰뒷부리도요

놀라운 장거리 비행의 주인공

새는 지구상에서 가장 먼 거리를 이동하는 대표적인 동물이에요. 그중에서도 큰뒷부리도요는 가장 먼 거리를 날아 이동하지요.

큰뒷부리도요
Limosa lapponica

홀로 먼 거리를 날아 이동하는 새도 있고, 소규모 혹은 대규모 무리를 지어 집단으로 이동하는 새들도 있지요. 이동하는 방식과 시간대가 제각각이어서 어떤 새들은 상승기류를 타며 활공하고, 날개를 열심히 퍼덕이며 비행하는 종류, 헤엄쳐 이동하는 종류, 걸어서 이동하는 종류도 있어요. 이동 시간대도 달라요. 어떤 새들은 먼 거리를 이동하는 데 몇 시간이 채 안 걸리지만, 어떤 종은 며칠, 몇 개월 심지어 몇 년 동안 이동해요.

신기록을 경신하는 새들

큰뒷부리도요는 한 번도 쉬지 않고 11,000km를 날아 이동했다는 기록이 있어요.

어떤 큰뒷부리도요들은 북아메리카 알래스카에서 시작해 호주와 뉴질랜드까지 단 한 번도 쉬지 않고 비행해요. 이렇게 먼 거리를 불과 9~11일 동안 비행한다고 해요.

새들은 장거리 비행을 위해 먹이를 많이 먹고 몸속에 지방을 축적해 이동에 필요한 에너지를 저장해요. 비행을 시작하게 되면 체내 위장은 줄어들고, 비행 근육은 더 늘어나게 되지요.

장거리 이동 비행 시 활공을 하며 이동하는 알바트로스와는 다르게 큰뒷부리도요는 쉬지 않고 날개를 퍼덕이며 비행해요. 여러분들이 일주일 이상 팔을 쉬지 않고 퍼덕인다고 상상해 보세요.

어디에서 볼 수 있나요?

태어난 지 9개월 정도된 어린새를 포함한 9만 마리나 되는 큰뒷부리도요가 번식지인 알래스카 서북부 지역에서 이동을 시작해요. 일부는 뉴칼레도니아나 호주 지역에 머무는 반면, 다른 무리는 뉴질랜드까지 이동해요. 알래스카로 되돌아가는 이동 경로는 조금 달라서 잠시 휴식을 위해 우리나라 서해안에 들른 뒤 번식지인 알래스카로 날아가요.

새들의 장거리 이동 비행을 소개합니다

전 세계 새 중 약 40%는 장거리 비행을 하며 이동해요. 장거리 이동을 하는 데는 다양한 이유가 있지만, 가장 큰 이유는 바로 먹이 때문이에요. 작은 새들은 천적을 피하려고 밤에 이동하는데 매나 황새처럼 큰 새들은 낮에 발생하는 상승기류를 이용해 비행하며 이동하지요.

유럽칼새
Apus apus

유럽칼새는 번식기가 되면 유럽에서 몇 개월을 보내요. 그리고 아프리카 남부로 되돌아가지요. 둥지를 떠난 어린 새가 성장해 마지막 번식을 멈출 때까지 약 4년 정도를 공중에서 비행하며 보낸다고 해요.

벌레를 잡아먹고 사는 이 할미새는 북쪽 지방에서 번식해요. 가을이 다가오면서 먹이가 점차 사라지게 되면 다시 남쪽 지방으로 이동해요. 날씨가 더 따뜻해지고 곤충 먹이가 풍부해지는 봄이 오면 번식지로 되돌아오지요.

서양긴발톱할미새
Motacilla flava

극제비갈매기
Sterna paradisaea

새 중에서도 최장 거리를 비행해 이동하는 새예요. 북극에서 번식한 극제비갈매기는 지구 반대편인 남극으로 먼 거리를 이동하는데, 1년 동안 약 35,000km를 날아 이동하지요. 여름과 겨울 모두 따뜻하고 낮이 긴 장소로 이동하기 때문에 지구상 어떤 동물들보다 더 많은 낮을 보내는 셈이에요.

황제펭귄
Aptenodytes forsteri

이 새는 남극 얼음 지대에서 인근 바다로 이동할 때 걷거나 얼음에 배를 대고 미끄럼을 타면서 이동해요.

모든 새가 먼 거리를 이동하는 것은 아니에요. 사할린들꿩처럼 산에서 살아가는 새들은 겨울이 찾아와 높은 고지대 환경이 나빠지면 저지대로 이동해요.

사할린들꿩
Lagopus lagopus

생존 방식

집비둘기
Columba livia domestica

길 찾기

장거리를 날아 이동하는 새들은 어느 방향으로 날아가야 할지 본능적으로 알아요. 새들은 길을 찾기 위해 태양, 별자리, 지구의 자기장 등을 이용해요. 특히 집비둘기는 자신의 고향이나 집 찾기에 탁월한 능력을 지닌 새예요. 과학자들은 집비둘기의 부리 속에 철 성분의 일종인 자철석이 있어 사람들이 길을 찾는 데 이용하는 나침반이나 GPS 수신기 역할을 한다고 생각해요.

역사 속 장거리 비행 이야기

뉴질랜드의 토착민인 마오리족은 흑꼬리도요나 큰뒷부리도요에 속하는 새들을 신성시해요. 마오리족 사람들은 이 새들을 '쿠아카 kuaka'라고 부르면서 이 새가 먼 거리를 날아 이동하는 도중 마오리족 조상들의 고향인 '하와이키'를 지난다고 생각했어요.

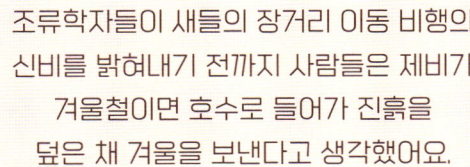

조류학자들이 새들의 장거리 이동 비행의 신비를 밝혀내기 전까지 사람들은 제비가 겨울철이면 호수로 들어가 진흙을 덮은 채 겨울을 보낸다고 생각했어요.

제비가 매년 되돌아오는 현상을 두고 고대 그리스 속담에는 "제비 한 마리가 돌아왔다고 해서 여름이 온 것은 아니다"라는 말이 있는데, 이것은 '모든 일을 성급하게 판단하지 말라'는 뜻을 담고 있어요.

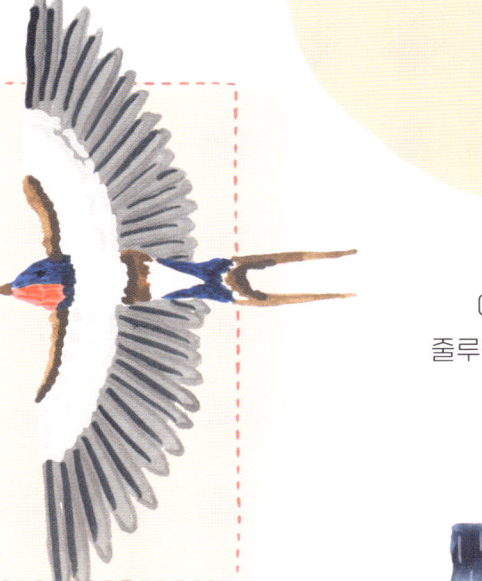

아프리카 남부 지역에서 살아가는 줄루족, 세소토족, 츠와나족은 전통적으로 철새들이 땅을 비옥하게 하고, 비를 몰고 온다고 믿었어요.

17세기의 과학자 찰스 몰튼은 새들이 겨울을 나기 위해 달로 날아간다고 오해했어요. 그는 새들이 달까지 날아가는 데 약 60일이 걸린다고 계산하였지요.

아델리펭귄

뛰어난 수영실력의 소유자

새들은 하늘의 지배자로 잘 알려졌지만,
물속을 누비는 능력자이기도 해요.
펭귄은 하늘을 날 수 없지만 물속에서는 날개,
정확히 얘기하면 지느러미발을 활짝 펴고
자유롭게 헤엄칠 수 있지요.

아델리펭귄
Pygoscelis adeliae

대부분 물새가 그렇듯이 펭귄은 헤엄치는 것에 잘 적응했어요. 펭귄들은 물속을 미끄러지듯 헤엄치기 위해 유선형 체형, 물갈퀴가 발달한 발, 물 때문에 체온이 떨어지는 것을 막아 주기 위해 촘촘하게 나 있는 방수 깃털 등이 잘 발달해 있지요. 잠수의 달인이기도 한 펭귄은 물고기를 사냥하기 위해 약 180m의 깊은 바닷속으로 잠수할 수도 있어요.

물속 비행

물속으로 잠수한 펭귄은 먹이 동물을 추격하기 위해 마치 하늘을 비행하듯이 날개를 아래위로 휘저으며 헤엄을 치지요.

펭귄의 특징인 흰색과 검은색 깃털은 물속에서 몸을 숨기는 데 도움이 돼요. 펭귄이 물속을 헤엄칠 때 물 아래쪽에서 올려다보면 펭귄의 흰색 깃털은 햇빛과 어우러져 잘 보이지 않고, 수면 위에서 내려다보면 등 부분의 검은색 깃털이 짙은 바다 색깔과 어우러져 잘 보이지 않지요.

아델리펭귄은 약 150만 마리가 넘는 커다란 무리를 이루며 살아요. 가장 오래된 집단은 최소 6,335년 동안 무리를 유지하고 있다고 해요.

펭귄은 얼음 위에서도 50km 이상 걸어서 이동할 수 있다고 해요. 평평한 배 부분을 눈 위에 대고 마치 눈썰매처럼 미끄러지듯 이동할 수도 있어요.

어디에서 볼 수 있나요?

아델리펭귄은 펭귄 종류 중에서도 그 수가 가장 많지만, 가장 관찰하기 어려운 펭귄이기도 해요. 이 펭귄은 사람들이 접근하기 무척 까다로운 남극 곶 지대 빙하 절벽에서 번식해요. 아델리펭귄 무리를 가까이 관찰하기 위해서는 까다로운 수칙도 잘 지켜야 하고, 절대로 만져서도 안 돼요. 사람을 통해 전염병이 새에게 옮겨질 수도 있거든요.

물새를 소개합니다

물새는 습지나 강, 호수, 웅덩이, 해안가처럼 물이 있는 습한 서식지에서 먹이를 먹고 휴식하며, 번식하는 새들을 말해요. 도심 한복판 공원이나 수로 등지에서도 관찰할 수 있어요.

줄기러기
Anser indicus

줄기러기는 물갈퀴가 발달했지만 아주 높은 고도로 비행할 수 있는 비행 능력자이기도 해요. 8,800m 이상 높은 고도로 비행하면서 히말라야산맥을 넘어 날아가는 광경이 기록되고 있어요.

이 물새는 발가락 사이의 물갈퀴가 펴졌다 접혔다 하는 '판족'이란 특이한 발을 가졌어요. 물속을 헤엄칠 때는 물갈퀴가 발가락 사이에서 펴져 헤엄치는 데 도움이 되고, 물풀 위를 걸을 때는 물갈퀴가 접혀 잘 걸어 다닐 수 있지요.

미국물닭
Fulica americana

분홍머리오리
Rhodonessa caryophyllacea

인도와 방글라데시를 가로지르는 갠지스강 주변 평야 지대나 미얀마 주변 습지에서 서식하고 있을 가능성이 있지만, 1949년 이후로는 관찰되지 않는 새예요.

역사 속 물새 이야기

그리스 로마 신화와 중세 설화에 나오는 '칼라드리우스 caladrius'라는 물새는 병든 사람으로부터 질병을 흡수하는 능력을 지닌 전설의 새예요.

스코틀랜드 설화에 등장하는 '부브리 boobrie'는 변신에 능한 물새로 수달을 공격하는 괴물이면서 말 피를 빨아먹기 위해 거대한 곤충으로 변신할 수 있는 능력을 지녔다고 전해져요.

검은목고니
Cygnus melancoryphus

검은목고니 부모새는 헤엄을 칠 때 새끼새들을 등에 태우고 다니며 보살펴요. 새끼들은 부모의 이런 보살핌으로 이동하는 데 드는 힘을 아낄 수 있어요.

생존 방식

길쭉한 다리

도요물떼새나 왜가리처럼 긴 다리를 가진 새들은 물새 집단에 속해요. 이런 새들은 대개 긴 다리를 가지고 있고, 물속을 걸을 때 균형을 잡아 주는 긴 발가락을 가지며, 습기를 머금은 진흙 속에서 먹이를 찾기 위해 긴 부리가 발달했어요.

왜가리
Ardea cinerea

지느러미발논병아리
Heliornis fulica

이 물새는 대부분의 시간을 물에서 보내요. 땅 위에서는 잘 걷지 못할 정도로 물 환경에 적응한 신체 구조를 가졌지요.

'징웨이 Jingwei'는 중국 신화에 등장하는 전설의 새로 나뭇가지와 자갈로 동쪽 바다를 메우려 했다고 전해져요. 이런 무모한 시도 때문에 강력한 추진력을 상징하는 새로 여겨지고 있어요.

'페요태 Peyote bird'라는 물새는 아라파호, 아파치, 수, 샤이엔족 등 아메리카 인디언 전설 속에서 생명을 되살리는 새로 알려져 있어요.

왕관사막꿩

메마른 사막의 은둔자

사막은 비가 거의 내리지 않아요.

이런 환경에서 살아가는 생명체는 생존을 위해 다양한 형태를 보이도록 진화, 적응해야 했어요. 왕관사막꿩은 세계에서 가장 메마르고 무더운 사막에서 살아가는 새예요.

왕관사막꿩
Pterocles coronatus

물이 매우 부족한 사막에도 선인장과 같은 식물은 물론이고 곤충, 파충류, 포유동물, 새와 같은 다양한 생명이 살아가지요. 왕관사막꿩은 북아프리카와 남부 아시아의 황량한 사막에서 살아가고, 이글거리는 햇볕이 내리쬐는 낮 동안 쉬지 않고 식물 씨앗 같은 먹이를 찾아 돌아다녀요.

열 보호막

왕관사막꿩은 온몸이 깃털로 촘촘하게 뒤덮여 있고, 피부가 두꺼워요. 뜨거운 사막의 열기로부터 몸을 보호해요. 가장 무더운 낮 동안에는 바위 아래 그늘에서 몸을 피하지요.

왕관사막꿩은 매일 물웅덩이를 방문해 물을 마셔야 해요. 하지만 포식동물의 표적이 될 수 있어 주로 이른 새벽이나 어두워지는 초저녁에 웅덩이를 방문하지요.

지구 지표면의 약 1/3은 사막이에요. 이런 사막이 점차 증가하고 있지요.

왕관사막꿩 수컷이 배 부분 깃털에 물을 적셔 새끼에게 돌아가면 새끼들은 깃털에 묻은 작은 물방울을 홀짝이며 마셔요.

어디에서 볼 수 있나요?

사막은 비가 거의 내리지 않아 땅이 메말랐어요. 연간 강수량이 25cm 이하일 정도지요. 모든 사막이 더운 것은 아니에요. 우리가 알고 있는 남극 대륙도 사막으로 분류해요.

사막에 사는 다른 새들이 그렇듯이 왕관사막꿩은 깃털 색깔이 모래색과 비슷해 몸을 잘 숨길 수 있어요. 낮 동안 비행을 하지 않아 가만히 웅크리고 있으면 이 새를 발견하는 것은 거의 불가능해요. 가장 좋은 방법은 관찰자가 몸을 위장한 채로 이 새가 자주 방문하는 물웅덩이 주변에서 기다리는 거예요. 매우 예민한 습성 탓에 물을 먹는 시간도 단 몇 초 정도밖에 되지 않아요.

사막의 새들을 소개합니다

사막에서 물을 찾는다는 것은 정말 어려운 일이에요. 그래서 이곳에 사는 새들은 식물과 곤충 그리고 다른 먹잇감을 통해 물을 얻어요.

코스타벌새
Calypte costae

반건조 사막지대에서 살아가는 벌새 종류예요. 사막에서 살아가는 식물의 수정을 돕는 수분 매개자로 매우 중요한 역할을 해요.

큰후프종다리
Alaemon alaudipes

새들은 땀을 흘릴 수 없어요. 큰후프종다리는 꼿꼿하게 선 채 다리나 부리를 통해 열을 배출하고 체온을 조절해요.

사막에서 살아가는 방울깃작은느시는 멸종 위기에 처한 새예요. 사냥꾼들이 사냥매를 이용해 많이 사냥했기 때문이지요.

방울깃작은느시
Chlamydotis undulata

미국의 유명한 만화영화 〈루니 툰〉의 주인공인 로드러너가 사막에서 살아가는 새를 모델로 그려졌다는 것을 알고 있었나요? 이 새는 뻐꾸기과의 한 종류로 비행은 서툴지만, 매우 빨리 달려요.

큰로드러너
Geococcyx californianus

역사 속 사막에 사는 새 이야기

사막의 유목민인 베두인들은 그들의 서사시에서 물웅덩이 주변 사막꿩의 큰 무리를 부족 모임의 상징으로 빗대어 표현하고 있어요.

'알리칸토 Alicanto'는 칠레 아타카마 사막에서 살았다는 전설 속 야행성 조류예요. 밤이 되면 날개가 빛나고, 눈에서는 무시무시한 불빛을 뿜어낸다고 전해져요.

'스팀팔로스의 새'는 아라비아 전설에 등장하는 사막에서 살아가는 난폭한 새예요. 지상의 먹이를 향해 날카로운 날개 깃털을 다트게임 하듯이 발사했다고 해요.

북아메리카 드넓은 대평원에서 살아가던 아메리카 인디언 중 상당수 부족은 '천둥새 Thunderbird'라고 불리는 상상의 새를 믿었다고 해요. 이 새는 용맹함을 상징하였고, 천둥과 번개를 만드는 능력이 있었다고 전해져요.

생존 방식

은폐술

사막에 사는 많은 새가 에너지를 아끼려고 비행보다는 걷거나 뛰는 것을 더 선호해요. 테밍크해변종다리가 사막에서 움직이지 않고 가만히 서 있으면 발견하기 어려워요.

테밍크해변종다리
Eremonphila bilopha

블랙번출새

숲속의 능력자

숲은 자연계에서 비밀스러운 장소 중 하나예요.
우거진 숲속에서 생명체를 관찰하는 건
쉽지 않아요. 하지만 숲속에 울려 퍼지는
울음소리를 통해 수많은 생명체가
이곳에서 살아가고 있다는 걸
알 수 있어요.

블랙번솔새
Setophaga fusca

숲에 사는 모든 새가 수수한 갈색빛을 띠는 것은 아니에요. 상당수는 밝고 화려한 걸모습을 가지고 있어요. 하지만 직접 이 새의 모습을 관찰하는 것 또한 쉽지 않은 일이에요. 큰 울음소리가 들리더라도 나뭇잎 등에 가려 모습을 확인하기 어려워요. 가장 대표적인 새가 블랙번솔새예요. 이 새는 북아메리카 북동부 지역에 있는 침엽수림이나 혼효림에서 살아가요.

화려한 자태

블랙번솔새는 북아메리카 숲에서 번식해요. 겨울을 나기 위해 먼 남아메리카 있는 숲으로 장거리 이동 비행을 해요. 많은 탐조가가 봄이 와 화려한 자태를 가진 이 새를 다시 볼 수 있기를 바라곤 하지요.

이 작고 화려한 새는 참새보다 조금 더 작아요. 수컷은 암컷보다 훨씬 더 화려하지요.

수컷

수컷은 암컷보다 조금 더 먼저 숲에 도착해서 번식기 동안 자신만의 영역인 텃세권을 설치하고 암컷을 기다려요.

수컷들은 먼 거리로 장거리 비행 이동을 시작해야 하는 가을철이 오면 수수한 색깔의 깃털로 탈바꿈하는 깃털갈이를 해요.

블랙번솔새는 아직 그 수가 많지만, 주요 번식지와 월동지로 이용되는 숲이 점차 사라지고 있어 위협을 받고 있어요.

어디에서 볼 수 있나요?

북아메리카 동부 지역에서 이 화려한 새를 볼 수 있어요. 가장 좋은 시기는 3~5월까지예요. 남아메리카에서 월동을 마치고 번식지인 북아메리카 지역으로 이동하거든요. 수많은 작은 철새들을 관찰하기 위해 미국 북서부 지역에 있는 오하이오주에서는 매년 봄철 새 이동 시기에 맞춰 탐조 주간을 개최해요. 많은 탐조가가 그곳으로 모여들어요.

숲에서 살아가는 새들을 소개합니다

수목 주변에서 살아가도록 진화한 새들에게 숲은 매우 중요한 서식지예요. 특히 열대우림 지역은 수많은 동식물이 살아감으로써 생물 다양성이 매우 높은 곳이지요.

올빼미
Strix aluco

올빼미는 숲에서 살아가는 대표적인 새예요. 일부 올빼미는 도심 안 숲에서도 잘 살아가지요.

점박이딱새
Muscicapa striata

딱새의 영어 이름인 '플라이캐쳐 flycatcher'는 파리(플라이)를 포함한 작은 곤충을 잡아먹는 습성 탓에 붙여진 거랍니다.

생존 방식

안데스딱따구리
Colaptes rupicola

나무 구멍을 뚫는 부리
딱따구리 같은 새들은 조각칼처럼 뾰족한 부리를 이용해 나무를 쪼아대도 스펀지처럼 충격을 흡수하는 머리뼈 덕분에 뇌에 영향을 받지 않는다고 해요. 적응력이 뛰어나 다양한 딱따구리가 호주를 제외한 지구상의 거의 모든 숲에서 살아갈 수 있었지요.

역사 속 숲새 이야기

까치는 고대 로마 시대에 행운을 예언하는 새로 생각되었어요. 노르웨이, 아일랜드, 영국의 전통문화 속에서는 마녀가 마법을 부리는 데 까치가 꼭 필요하다고 생각했어요.

붉은극락조
Paradisaea rubra

흰부리딱따구리
Campephilus principalis

열대우림에서 사는 새 중 가장 화려한 새를 꼽으라면 붉은극락조를 떠올릴 수 있어요. 이 새는 인도네시아 파푸아섬 서부 지역에서 살아가요.

숲새 중에는 생존 여부에 대한 정보가 잘 알려지지 않은 새들도 있어요. 대표적으로 흰부리딱따구리는 지난 수십 년 동안 관찰된 기록이 없어 현재는 멸종됐다고 추정하고 있어요.

아담한 덩치를 가진 상모솔새Goldcrests는 영국의 옛 전설 속에서 장거리 이동 비행을 하는 멧도요의 등에 몰래 올라타 함께 이동한다는 이야기가 전해져 '멧도요 조종사'라는 별명을 얻었다고 해요. 사실 상모솔새와 같은 아주 작은 새들도 스스로 장거리 이동 비행을 할 수 있어요.

아메리카 원주민 부족들은 부엉이와 올빼미가 죽음과 사후 세계, 부활과 관련된 영적인 힘을 가졌다고 믿어요.

사대양슴새

드넓은 대양의 주인공

지구 표면의 약 70% 이상은 바다로 덮여 있고, 어떤 생물들에게는 바다라는 환경이 살기 어려운 장소일 수도 있어요. 하지만 사대양슴새를 포함한 많은 바닷새가 거의 일생을 바다에서 살아가고, 오직 번식할 때만 육지를 찾지요.

사대양슴새
Ardenna grisea

대부분 바닷새는 비행 능력이 매우 뛰어나 거친 바다 위를 활공 비행하며 아주 먼 거리까지 이동할 수 있는 유능한 비행가예요. 또한 매우 뛰어난 잠수 실력의 소유자이기도 하지요. 사대양슴새 역시 유능한 비행가이자 잠수 능력을 소유한 새이지만, 일생의 대부분을 드넓은 바다에서 보내는 탓에 새에 대한 정보가 많이 없어요. 많은 사람이 이 낯선 새에 대해 잘 모르지요.

수중 비행

바닷새 종류 중 중간 정도의 크기이고, 알바트로스와는 가까운 친척쯤 되는 새예요. 부리 위로 독특한 형태의 튜브형 콧구멍을 가지고 있어 뛰어난 후각 능력을 자랑해요.

슴새들은 바다에서 살아가기 때문에 민물을 접할 수 없어요. 짠 바닷물을 마시고, 콧구멍을 통해 염분을 배출하지요.

사대양슴새는 헤엄 실력이 뛰어나요. 먹이 사냥을 위해 물속 깊이 잠수할 수 있어요. 수심 약 65m 이상을 잠수했다는 기록도 있지요.

풀이 자라는 땅 아래에 굴을 파서 둥지를 마련하고, 한 개의 알을 낳아 약 두 달 동안 품어요.

다른 바닷새들처럼 오직 번식기에만 육지로 돌아와요. 육지에서 아주 멀리 떨어진 바다 한가운데서 살아가요.

미국 할리우드의 영화감독인 알프레드 히치콕은 1961년 짙은 안개를 뚫고 사대양슴새 수천 마리가 해안가로 몰려든 실제 사건을 토대로 공포 영화 〈더 버드〉를 제작했어요.

어디에서 볼 수 있나요?

사대양슴새는 거대한 무리가 모여 함께 집단 번식을 해요. 번식지에서는 매우 시끄러운 울음소리가 나지만 어두운 깃털 색을 띠고 한밤이 되어서야 둥지로 돌아오는 번식 습성 때문에 이 새를 관찰하기가 쉽지 않아요. 모습을 관찰할 수 있는 가장 좋은 시기는 번식을 마치고 육지를 떠나 바다로 긴 여행을 시작할 무렵이에요. 배를 타고 있으면 바다로 날아가는 사대양슴새의 모습을 잘 관찰할 수 있고, 가끔은 운 좋게 바위 위에 앉아 있는 걸 볼 수도 있어요.

바닷새를 소개합니다

바닷새들은 거친 바다 환경에 다양한 방법으로 적응해 왔어요. 슴새 같은 바닷새는 뛰어난 비행 실력을, 펭귄 같은 새들은 비행은 못하지만 뛰어난 헤엄 실력을 갖추도록 진화했지요.

붉은다리세가락갈매기
Rissa brevirostris

대부분 바다에서 겨울을 보내지만, 일부는 내륙 지역으로 날아와요. 새 먹이를 주려고 설치해 놓은 먹이 급이대에 가끔 방문하기도 해요.

매우 긴 날개로 날갯짓 한 번 없이 아주 먼 거리를 활공 비행하며 날아갈 수 있어요. 이런 활공 비행을 통해 에너지를 절약할 수 있지요.

회색머리알바트로스
Thalassarche chrysostoma

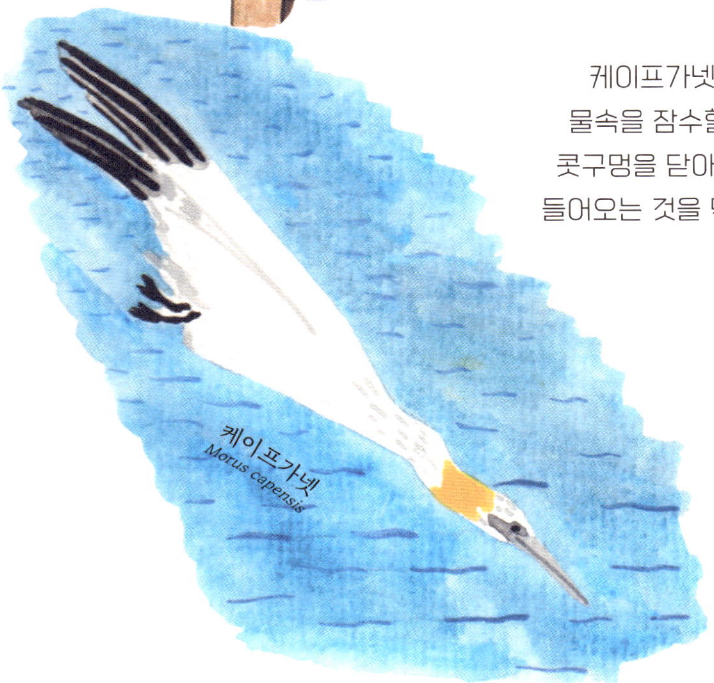

케이프가넷은 물속을 잠수할 때 콧구멍을 닫아 물이 들어오는 것을 막아요.

케이프가넷
Morus capensis

마젤란잠수바다제비
Pelecanoides magellani

각시바다쇠오리
Alle alle

마젤란잠수바다제비는 크기는 작고 탄탄한 몸체를 갖고 있어요. 빙글빙글 회전하며 도는 비행은 알바트로스와 비슷해.

덩치는 매우 작지만 식욕이 왕성해요. 매일 플랑크톤의 일종인 요각류를 60,000마리나 잡아먹어요.

역사 속 바닷새 이야기

흰제비갈매기는 일명 바다 위 내비게이터로 불려요. 항해에 지친 선원들에게는 육지에 있는 고향으로 돌아가는 길 안내자로 여겨지기도 했어요.

하와이 신화에서 '군함조 frigatebirds'는 신의 전령사 역할을 한다고 믿었어요.

6세기경 웨일즈의 성인 케네스는 아기인 채 웨일즈해안가로 떠밀려 와 붉은부리갈매기에 의해 길러졌다고 전해져요.

알바트로스의 몸에는 실종된 선원들의 영혼이 깃들어져 있어 만약 이 새를 죽이면 불행이 찾아온다고 믿었어요.

생존 방식

바다쇠오리
Synthliboramphus antiquus

기름기가 있는 깃털

모든 바닷새는 깃털이 물에 젖지 않도록 꼬리깃이 시작되는 '기름샘'에서 분비되는 기름기를 부리로 묻혀 깃털에 펴 발라야 해요. 또 많은 바닷새가 배와 날개 아랫부분이 흰색을 띠어 먹이인 물고기가 수중에서 하늘 방향을 바라봤을 때 햇볕과 어우러져 잘 보이지 않도록 적응해 왔어요. 가장 대표적인 바닷새로 바다쇠오리를 예로 들 수 있어요.

밤색목긴발톱멧새

초원의 주인공

씨앗을 먹고 사는 새들은 풀이 많은 초원 서식지를 아주 좋아해요. 이곳은 풀뿐만 아니라 곤충들도 많아요. 밤색목긴발톱멧새는 북아메리카의 넓은 초지인 대평원 지역을 대표하는 새로 씨앗과 곤충을 먹고 살아요.

밤색목긴발톱멧새
Calcarius ornatus

풀이 자라는 넓은 초지가 매우 빠른 속도로 줄어들고 있어요. 아메리카 중서부에 있는 광활한 대평원 지대는 이 긴발톱멧새의 주요 서식지이지만 경작을 위한 농경지로 점차 바뀌고 있어요. 여러분들의 정원 앞 작은 초지를 포함해 초원을 잘 유지한 채 기다린다면 초지는 놀라운 생명력으로 언젠가 되살아날 거예요.

무리의 숨바꼭질

밤색목긴발톱멧새는 풀이 많은 초지에서 생활하며 땅에서 주로 먹이를 찾고 겨울에는 무리를 이루며 생활해요. 갈색 깃털을 가진 탓에 무성한 풀밭에서 몸을 숨기고 있으면 이 새들을 관찰하기가 쉽지 않아요.

수컷은 번식기 동안 자신의 영역인 텃세권을 지키기 위해 하늘로 날아오른 뒤 공중을 비행하며 울음소리를 내지요.

암컷

수컷들은 암컷들보다 더 어두운색의 깃털을 가져요.

긴발톱멧새의 이름은 네 개의 발톱 중 뒤쪽 발톱이 앞쪽의 다른 발톱들보다 가늘고 길어 붙여진 이름이에요.

씨앗을 먹는 대부분 새가 그렇듯이 긴발톱멧새 또한 부모새가 새끼를 키울 때는 주로 곤충을 잡아 먹이며 단백질을 제공해요. 이렇게 하면 생후 1년까지 새끼의 생존력을 높일 수 있게 되지요.

어디서 볼 수 있나요?

밤색목긴발톱멧새는 관찰하기가 어려워요. 1960년 이후 약 87% 이상 개체 수가 감소하여 이 새를 관찰하는 것이 더 어려워지고 있어요. 매우 민감한 성격 탓에 사람이 다가가도 풀숲에 숨어 있고, 아주 가까운 곳까지 가서야 비로소 날아올라 그 정체를 확인할 수 있지만, 곧 풀숲으로 사라져 좀처럼 보기가 쉽지 않아요.

초원에 사는 새를 소개합니다

지구의 육상 지역은 약 20~40%가 풀로 덮인 초원 지대로 이루어져 있어요. 하지만 이런 지역은 사람들의 개발과 가축의 방목, 화재, 기후변화 등으로 점차 사라지고 있어요.

큰초원뇌조
Tympanuchus cupido

풀이 자라는 초원 지대에는 다양한 종류의 맹금류가 살아가요. 이중 붉은털발말똥가리는 초원 지대에서 쥐와 같은 작은 설치류나 뱀, 작은 새 등을 사냥하며 살아가요.

붉은털발말똥가리
Buteo regalis

풀밭종다리
Anthus pratensis

북아메리카 원시 초지대에서 살아가요. 하지만 오늘날 농업을 위해 자연 초지가 개발되어 서식지가 줄어들면서 멸종 위기에 처했어요.

풀밭종다리는 유럽 초원 지대에서 흔하게 만날 수 있는 새로 겨울철에는 도심에 있는 풀밭 지대에서도 쉽게 만날 수 있어요.

역사 속 초원에 사는 새 이야기

초원이 넓게 펼쳐져 흔히 '스텝 지대'라고 알려진 중앙아시아 초원 지대에서는 매년 독수리사냥 축제를 개최해요. 이 지역 수리 사냥꾼들을 '버킷시'라고 부르는데, 사냥꾼들은 잘 훈련된 검독수리 *Aquila chrysaetos*를 이용해 서로 사냥 경쟁을 하지요.

검은가슴홍관조처럼 씨앗을 먹는 새들은 식물이 풍성한 초원 서식지를 좋아하고, 식물의 씨앗을 먹으며 살아가지요.

검은가슴홍관조
Spiza americana

생존 방식

모방하기

초원에 사는 새 중 메뚜기참새는 곤충의 울음소리를 낼 수 있어요. 이 새는 곤충이 날개를 비벼 내는 소리와 비슷한 울음소리를 내지요. 참새와 같이 작은 새를 사냥해서 잡아먹는 잿빛개구리매는 뛰어난 시각과 청각을 가지고 있어 초원에서 먹이 동물을 잘 찾아낼 수 있어요.

메추라기뜸부기
Crex crex

메추라기뜸부기를 포함해 초원에서 살아가는 많은 새가 대부분의 시간을 땅에서 보내요. 풀숲 사이에서 몸을 조심스럽게 숨기며 땅바닥에 둥지를 짓고, 먹이를 찾으며 많은 시간을 보내지요.

메뚜기참새
Ammodramus savannarum

잿빛개구리매
Circus hudsonius

아르헨티나 전래동화에서 '팜파스' 초원 지대 한가운데 마법의 나무가 자라고 있었어요. 악마의 새는 비가 내리는 것을 멈추기 위해 나무 위에서 잠을 잤다고 해요.

들꿩 *Tetrastes bonasia*은 북아메리카에 사는 몇몇 원주민들 문화에서 부족을 확인하는 수단으로 이용되었는데, 만단족과 히다사족의 상징은 큰초원들꿩이었어요. 이 새의 깃털을 둥그렇게 치장해 춤을 출 때 착용했다고 해요.

매

도심 빌딩숲의 무법자

사람들 절반 이상은 도심에서 살아가요.

도심 속에는 수많은 도로와 빌딩, 자동차, 오염 그리고 사람들로 넘쳐나는데 이런 혼잡 속에서도 몇몇 야생 동물들이 살아가고 있지요. 가장 대표적인 동물이 매예요.

매
Falco peregrinus

도심을 대표하는 새를 꼽으라면 대부분 사람은 비둘기라고 할 거예요. 하지만 조류학자들은 전 세계 11,000여 종류의 새 중 매를 포함한 약 20% 이상의 새가 도시에서 살아가고 있다고 이야기해요. 밖으로 나가 하늘을 바라보면 더 놀라운 광경을 볼 수 있을지도 몰라요!

도심 속 새들

절벽에 둥지를 트는 습성이 있던 매들은 오늘날 도심 환경에 적응하면서 건물의 모서리나 지붕 등에 둥지를 틀며 살아가고 있어요.

매는 농사를 위해 부려지는 농약 때문에 북아메리카와 유럽 등지에서 멸종 위기에 처해지기도 했어요. 다행스럽게도 매의 번식에 영향을 주었던 농약 사용이 금지돼 지금은 개체 수가 회복되고 있어요.

매는 매년 약 25,000km 이상의 장거리 이동 비행을 할 수 있어요.

매는 지구상의 동물 중에서 가장 빨라요. 먹이를 사냥하기 위해 수직 비행을 하는 속도가 시속 320km 이상이지요. 고속철도인 KTX의 속도와 비슷해요.

어디에서 볼 수 있나요?

만약 여러분들이 작은 도시에 산다면 교회의 첨탑이나 공장의 높은 굴뚝을 유심히 관찰해 보세요. 대도시인 미국 뉴욕이나 영국 런던은 세계에서 매의 도시 밀도가 가장 높은 지역으로 최소 25쌍 이상의 매가 살아가고 있다고 해요. 때때로 매들이 고층 건물 모서리에 오랫동안 가만히 앉아 있는 것을 볼 수 있을 거예요.

도시에서 사는 새들을 소개합니다

도시에는 새가 별로 없을 거라고 생각하나요?
사실 일부 도시에서는 놀라울 정도로
많은 새가 살고 있어요. 그중 아프리카 케냐의
나이로비는 세계에서 도시에 사는 새 종류가
많은 지역으로 약 600종 이상의 새가
이곳에서 살아가고 있다고 해요.

아마도 전 세계 주요 도시에서
그 수가 가장 많은 새를 예로 들리면
집비둘기를 꼽을 거예요.
너무나 빨리 번식해 개체 수가 많아
유해 동물로 취급되고 있어요.

집비둘기
Columba livia, forma urbana

이 새는 사람들 주변에서 살아가도록
적응해 왔고, 전 세계 주요 도시
곳곳에서 관찰되지요.

집참새
Passer domesticus

청둥오리
Anas platyrhynchos

우리 주위의
호수나 웅덩이 등에서
흔하게 볼 수 있어요.
지구 북반구 전역에서
살아갈 정도로
적응력이 뛰어나요.

번식 둥지를 짓고,
먹이를 찾는 주요 서식지인
해안가를 벗어나 갈매기는
도시의 환경에 매우 빠르게
적응해 가고 있어요.

재갈매기
Larus argentatus

장미목도리앵무
Psittacula krameri

이 앵무새는
영국에 애완동물로 도입되었어요.
이후 야생으로 탈출한 개체들이
영국 동부 지역에 퍼져 나가 적응함으로써
오늘날 도시에서 커다란 무리를 이루며
살아가게 되었어요.

생존 방식

노랑배박새
Parus major

우렁찬 울음소리

도시 생활에 적응한 많은 수컷이 짝을 찾기 위해
울음소리가 점차 더 크고 우렁차게 변했어요.
과학자들은 도시에 사는 박새 같은 새들은 그 소리가 더 커지고,
다른 소리 형태를 띠도록 점차 진화했다고 이야기해요.
조용한 농촌 지역에 사는 박새는 도심에 사는 박새의 큰 울음소리에는
잘 반응하지 않고, 그 반대의 경우도 마찬가지라고 해요.

역사 속 도시에 사는 새 이야기

인도에서는 새들을 위해 고기를
제공하는 종교적인 관습이 있어요.
델리를 포함한 인도의
여러 도시에는 솔개와 같은
맹금류가 많이 번성하고 있어요.

크리스마스트리를 화려하게 꾸며
세계적으로 알려진 뉴욕
록펠러센터 크리스마스트리에서
2020년 작은 올빼미
한 마리가 발견되었어요.
'록키Rocky'라는 애칭으로
불린 이 작은 올빼미는
크리스마스트리를 꾸미기
위해 야생에서 채취해
온 나무와 함께 온
것으로 추정되는데,
발견되자마자
다시 야생으로
돌려보냈다고
해요.

17세기 영국의 찰스 2세
국왕 때부터 런던 타워에는
여섯 마리의 큰까마귀가
살아오고 있어요. 런던
타워에서 살던 큰까마귀가
날아가거나 사라지게 되면
왕국과 국왕, 런던 타워
자체가 무너져 내린다는
전설이 전해져오고 있어요.

카카포

멸종 위기종 보전의 상징

지구는 매우 빠르게 변화하고 있어요.
지구상에서 살아가는 야생동물의 미래를 위해
우리는 생물 보전을 위한 공간을
별도로 마련하고
보호해야 해요.

카카포
Strigops Habroptila

오늘날 다양한 노력에도 불구하고, 야생에서 살아가는 카카포는 불과 300마리 정도밖에 되지 않아요. 뉴질랜드에서 살아가던 이 새는 뉴질랜드로 이주하였던 사람들과 함께 온 개, 고양이, 쥐, 북방족제비와 같은 동물에게 잡아먹히고, 서식지가 점차 줄어들면서 심각한 멸종 위기에 처했어요.

카카포는 가장 장수하는 새로 알려져 있어요. 90년 이상 장수한다고 알려졌지요.

카카포는 뉴질랜드의 원주민인 마오리족의 말에서 유래되었어요. 마오리족 말로 '카카Kaka'는 앵무새를, '포po'는 밤이라는 뜻이에요. '밤에 활동하는 앵무새'라는 뜻이에요.

독특한 앵무새

일명 '올빼미앵무새'로 알려진 카카포는 큰 덩치에 야행성을 띠며, 뉴질랜드에서만 살아가는 새예요. 전 세계 앵무새 종류 중 유일하게 비행을 하지 못하고, 몸무게도 4kg 이상 나가 가장 무겁지요.

어디에서 볼 수 있나요?

야생에서 관찰하기 힘든 새 중 하나예요.

울음소리나 빠진 깃털, 배설물을 통해서만 그 존재를 확인할 수 있을 정도로 관찰하는 것은 거의 불가능에 가깝지요. 1996년 시작된 '카카포 야생 복원프로그램'은 멸종 위기에 처한 이 새를 가장 성공적으로 복원한 프로그램으로 잘 알려져 있어요. 가장 먼저 했던 일은 이 새를 야생에서 포획하여 천적이 없는 섬에 다시 방사했고, 개체마다 표식을 해 수시로 모니터링하고 있어요.

오래전부터 카카포가 살아가던 섬에는 이 새를 노리는 천적이 없어 굳이 비행할 필요가 없었어요. 그래서 점차 비행 능력이 사라지게 되었지요.

땅바닥에서 걸어 다니며 살아가는 새예요. 걷거나 나무를 기어오르면서 먹이를 찾아요.

멸종 위기에 처한 새의 보전 이야기

월리스뜸부기
Habroptila wallacii

1600년대 이후로 15종류의 뜸부기가 지구상에서 사라졌어요. 월리스뜸부기는 인도네시아의 일부 섬 등 제한된 장소에서만 살아가는 탓에 멸종 위기에 처하게 되었어요.

지구상에서 살아가는 새들의 멸종을 막기 위해 수많은 사람과 보호 단체가 협력하고 있어요. 지구상 육상 면적의 약 17%인 2,200만km² 가 야생동물을 위한 보호 지역으로 지정되었지요. 멸종 위기에 처한 생물 보호를 위해 성공한 사례도 많이 있지만 아직 많은 새가 사람들의 도움이 필요해요.

붉은꼬리딱새
Phoenicurus phoenicurus

지구에서 일어나고 있는 기후변화와 경작지 급증에 따라 붉은꼬리딱새는 번식을 위한 둥지를 만들 자리가 부족해 개체 수가 줄어들고 있어요.

멸종 위기 새들을 위한 보호 프로그램을 소개합니다

검은머리촉새
Emberiza aureola

검은머리촉새는 과거 중국에서 흔하게 발견됐지만, 무분별한 사냥으로 멸종 위기에 처해 있어요. 오늘날 적극적인 보호 덕분에 그 수가 점차 회복되고 있어요.

검은장다리물떼새
Himantopus novaezelandiae

뉴질랜드에서만 살아가는 이 새는 복원 프로그램이 없었다면 이미 멸종했을지도 몰라요. 사람들은 야생에서 이 새를 잡아 인공 증식을 통해 새끼를 키워 낸 뒤 다시 야생으로 재방사하여 보호하고 있어요.

푸른목금강앵무
Ara glaucogularis

사람들이 이 앵무새가 이미 멸종되었다고 생각하던 중 1992년 남미의 볼리비아 자연보호구에서 기적적으로 재발견되었어요. 오늘날 지구상에서 오직 이 지역에서만 50~250마리 정도의 푸른목금강앵무가 살아가고 있어요.

중앙아메리카의 숲에서 살아가는 청록코팅가는 무분별한 산림벌채 때문에 숲이 감소하고, 서식지가 파괴되면서 개체 수가 줄어들고 있어요.

청록코팅가
Cotinga ridgwayi

생존 방식

새들은 인간 활동에 매우 민감하게 반응해요. 살아가는 환경이 인간에 의해 급격하게 변하게 되면서 바뀐 환경에 적응할 시간을 갖지 못했지요. 전 세계 조류의 약 49%는 개체 수가 줄어들고 있고, 일부 새들은 멸종 위기에 처했어요.

서식지의 감소, 기후변화, 애완동물 사육을 위한 야생조류 포획, 무분별한 사냥 등은 새들에게 매우 심각한 영향을 주고 있어요.

개체 수 하락 등 새들에게 처한 어려움을 반전시키기 위해서 사람들은 새들을 위해 더 많은 서식지를 보전해야 하고, 불법으로 이루어지는 벌목을 금지해야 해요. 사냥꾼들은 법과 생명윤리의 테두리 내에서 책임감을 느끼는 것이 필요해요. 또한 많은 어려움을 극복하기 위해서 여러 사람과 합심해 도심 지역에서의 보전 활동도 시작해야 하지요.

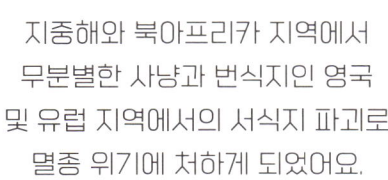

유럽멧비둘기
Streptopelia turtur

지중해와 북아프리카 지역에서 무분별한 사냥과 번식지인 영국 및 유럽 지역에서의 서식지 파괴로 멸종 위기에 처하게 되었어요.

붉은솔개는 과거 중세 시대에는 그 수가 매우 많았지만, 1970대에 이르러서는 웨일스 중부 지방에 불과 몇 쌍 정도만이 살아갈 정도로 그 수가 급격하게 줄었어요. 1980년대 스페인에서 어린 새들을 들여와 다시 자연으로 방사한 결과 오늘날 영국 전역에서 수천 마리가 살아갈 정도로 개체 수가 회복되었어요.

붉은솔개
Milvus milvus

캘리포니아콘도르는 멸종 위기에 처한 새예요. 미국 동물원에서 인공 증식 등 복원프로그램을 실시해 어린 콘도르를 많이 키워 냈고, 다시 야생으로 되돌린 결과 오늘날 개체 수는 회복되고 있어요.

캘리포니아콘도르
Gymnogyps californianus

용어 설명

가슴 근육(흉근)	조류의 가슴에서 날개로 연결된 근육이에요.
구애 행동	짝이 될 상대에게 자신의 우수함을 뽐내어 선택을 받기 위한 행동이에요.
구애음	수컷이나 암컷 새가 짝이 될 상대를 유혹하기 위해 내는 울음소리예요.
규조류	민물이나 짠물에서 떠다니며 살아가는 식물성 플랑크톤 종류예요.
깃가지	깃대에서 나온 빗살 모양의 가지예요.
깃대	깃털의 중앙에 있는 길고 뻣뻣한 촉이에요.
깃발 깃털	끝으로 갈수록 점점 좁아지는 긴 깃털이에요.
깃털갈이	옛 깃털이 빠지고 새로운 깃털로 갈아입는 현상으로 많은 새가 1년 중 봄과 가을철 두 차례 깃털갈이를 해요.
깃털 다듬기	깃털에서 먼지나 물기 등을 제거하여 깨끗하게 하는 행동이에요.
날개 길이	날개의 한쪽 끝에서 반대편 끝까지의 길이예요.
맹금류	포유동물, 새 등을 사냥해 먹고 살아가는 육식성 새예요.
멸종	더 이상 존재하지 않고 사라진다는 뜻이에요.
목둘레깃털	목 주변을 둘러싸고 있는 깃털이에요.
물갈퀴	발가락과 발가락을 연결하는 피부예요.
발톱	새의 길고 날카로운 발톱이에요.
번식	짝을 만나 새끼를 생산하는 활동이에요.
번식지	새가 알을 낳고 새끼를 키우기 위해 찾아오는 장소예요.
상승 기류	하늘로 올라가는 공기의 흐름이에요.
생물 다양성	다양한 생물이 살아가고, 서식지의 종류도 다양하며, 유전자가 풍부하면 생물 다양성이 높다는 표현을 사용해요.
생태계	식물과 동물이 공존하는 장소예요.
식물의 수분	수술의 작은 꽃가루가 암술머리 표면에 닿아 수정되는 과정이에요.
요각류	민물과 바다에 모두 서식하고 물에 떠서 사는 동물 플랑크톤이에요.
위장색	주변의 환경과 비슷한 색깔을 띠어 몸을 숨기는 데 도움이 되는 색깔이에요.
장거리 비행	계절에 따라 일정한 패턴으로 한 장소에서 다른 장소로 긴 비행을 하는 것을 말해요.
조류 탁아소	무리 내에서 깨어난 새끼들이 서로 모여 무리를 형성하고, 무리 내 어른들에게 공동으로 보호받는 장소예요.
탐조가	새를 관찰하고자 하는 사람들이에요.
텃세권	번식기 한 마리의 새가 방어하는 일정한 영역이에요.
판족	발가락 주변의 물갈퀴가 펴지거나 접히기도 하는 발로, 논병아리, 물닭 등과 같은 새들의 발이에요.
학명	생물에게 붙여진 학술적(분류학적) 이름으로, 스웨덴의 분류학자인 린네에 의해 창안되었고, 표기는 속명과 종명으로 두 단어를 부여하는 이명법을 사용해요.
활공	날개를 퍼덕이지 않는 비행이에요.
활공 비행	날개를 퍼덕이지 않고 상승기류 등 공기의 흐름에 따라 날아다니는 비행이에요.

더 알아보기

하늘을 무대 삼아 날아다니는 새에 대해 더 알고 싶다면, 아래 웹사이트를 방문해 보세요.

국립공원연구원 research.knps.or.kr
버드라이프 오스트레일리아 www.birdlife.org.au
버드라이프 인터내셔널 birdlife.org
다윈 재단 darwinfoundation.org
야생동물보호협회 defenders.org

국제자연보전연맹 iucn.org
국립오듀본협회 audubon.org
내셔널 지오그래픽 nationalgeographic.com
왕립새보호협회 rspb.org.uk
세계야생동물기금 worldwildlife.org

찾아보기

ㄱ

각시바다쇠오리 *Alle alle* 54
검독수리 *Aquila chrysaetos* 58
검은가슴말똥가리 *Hamirostra melanosternon* 22
검은가슴홍관조 *Spiza americana* 59
검은머리트라고판 *Tragopan melanocephalus* 18
검은머리촉새 *Emberiza aureola* 66
검은목고니 *Cygnus melancoryphus* 43
검은장다리물떼새 *Himantopus novaezelandiae* 66
검은해오라기 *Egretta ardesiaca* 22
굴뚝칼새 *Chaetura pelagica* 34
극제비갈매기 *Sterna paradisaea* 38
기아나바위새 *Rupicola rupicola* 23
깃발쏙독새 *Carimulgus vexillarius* 10
꼬까울새 *Erithacus rubecula* 30
꼬마홍학 *Phoeniconaias minor* 32, 33

ㄴ

나그네비둘기 *Ectopistes migratorius* 34
나그네알바트로스 *Diomedea exulans* 20, 21
넓적부리황새 *Balaeniceps rex* 24, 25
노랑배박새 *Parus major* 63

ㄷ

다색산적딱새 *Tachuris rubrigastra* 18
댕기흰죽지 *Aythya fuligula* 10
되새 *Fringilla montifringilla* 34
두루미 *Grus japonensis* 15
들꿩 *Tetrastes bonasia* 59
딱따구리 *Picidae Vigors* 27
떼베짜기새 *Philetairus socius* 30

ㅁ

마젤란잠수바다제비 *Pelecanoides magellani* 54
말라카이트물총새 *Corythornis cristatus* 19
매 *Falco peregrinus* 60, 61
메뚜기참새 *Ammodramus savannarum* 59
메추라기뜸부기 *Crex crex* 59
목도리도요 *Calidris pugnax* 10
물까치라켓벌새 *Loddigesia mirabilis* 11, 22
물꿩 *Hydrophasianus chirurgus* 14
미국물닭 *Fulica americana* 42
미국지빠귀 *Turdus migratorius* 14

ㅂ

바다쇠오리 *Synthliboramphus antiquus* 55
밤색목긴발톱멧새 *Calcarius ornatus* 56, 57
방망이날개무희새 *Machaeropterus deliciosus* 22
방울깃작은느시 *Chlamydotis undulata* 46
뱀잡이수리 *Sagittarius serpentarius* 14
부채머리수리 *Harpia harpyja* 12, 13, 15
북미큰왜가리 *Ardea herodias* 26
분홍머리오리 *Rhodonessa caryophyllacea* 42
붉은극락조 *Paradisaea rubra* 51
붉은꼬리딱새 *Phoenicurus phoenicurus* 66
붉은다리세가락갈매기 *Rissa brevirostris* 54
붉은솔개 *Milvus milvus* 67
붉은털발말똥가리 *Buteo regalis* 58
블랙번솔새 *Setophaga fusca* 48, 49

ㅅ

사대양슴새 *Ardenna grisea* 52, 53
사할린들꿩 *Lagopus lagopus* 38
서양긴발톱할미새 *Motacilla flava* 38
숲비둘기 *Columba palumbus* 22

ㅇ

아가미왜가리 *Agamia agami* 18
아델리펭귄 *Pygoscelis adeliae* 40, 41
아메리카검은머리물떼새 *Haematopus palliatus* 26
안데스딱따구리 *Colaptes rupicola* 50
얼룩부리논병아리 *Podilymbus podiceps* 31
연미복밀화부리 *Cocothraustes vespertinus* 26
에메랄드쇠왕부리 *Aulacorhychus prasinus* 26
오색멧새 *Passerina ciris* 18
올빼미 *Strix aluco* 50
왕관사막꿩 *Pterocles coronatus* 44, 45
왜가리 *Ardea cinerea* 43
원앙 *Aix galericulata* 18
유럽멧비둘기 *Streptopelia turtur* 67
유럽벌잡이새 *Merops apiaster* 18
유럽칼새 *Apus apus* 14, 38
월리스뜸부기 *Habroptila wallacii* 66

ㅈ

작센왕극락조 *Pteridophora alberti* 10
장미목도리앵무 *Psittacula krameri* 62
재갈매기 *Larus argentatus* 62
잿빛개구리매 *Circus hudsonius* 59
점박이딱새 *Muscicapa striata* 50
줄기러기 *Anser indicus* 42
지느러미발논병아리 *Heliornis fulica* 42
진홍저어새 *Platalea ajaja* 27
집비둘기 *Columba livia domestica* 39, 62
집참새 *Passer domesticus* 62

ㅊ

참수리 *Haliaeetus pelagicus* 26
청둥오리 *Anas platyrhychos* 14, 62
청란 *Argusianus argus* 8, 9
청록코팅가 *Cotinga ridgwayi* 67

ㅋ

카카포 *Strigops Habroptila* 64, 65
칼부리벌새 *Ensifera ensifera* 26
캘리포니아콘도르 *Gymnogyps californianus* 67
케이프가넷 *Morus capensis* 54
코스타벌새 *Calypte costae* 46
코뿔새 *Buceros rhinoceros* 27
큰뒷부리도요 *Limosa lapponica* 36, 37
큰로드러너 *Geococcyx californianus* 46
큰초원들꿩 *Tympanuchus cupido* 58
큰후프종다리 *Alaemon alaudipes* 46

ㅌ

타조 *Struthio camelus* 14
테밍크해변종다리 *Eremonphila bilopha* 47

ㅍ

파라다이스풍금조 *Tangara chilensis* 16, 17
푸른목금강앵무 *Ara glaucogularis* 66
풀밭종다리 *Anthus pratensis* 58
풀숲무덤새 *Leipoa ocellata* 28, 29

ㅎ

호아친 *Opisthocomus hoazin* 22
황제펭귄 *Aptenodytes forsteri* 31, 38
후투티 *Upupa epops* 11
회색머리알바트로스 *Thalassarche chrysostoma* 54
흰부리딱따구리 *Campephilus principalis* 51
흰올빼미 *Bubo scandiacus* 15
흰점찌르레기 *Sturnus vulgaris* 34
흰제비갈매기 *Gygis alba* 30, 55